Martin Göschel

Süddeutsche Zeitung Edition

Bibliothek der Köche

Martin Göschel

Text: Ingo Swoboda
Fotografie: Bernd Grundmann

Süddeutsche Zeitung Edition

Bibliothek der Köche

Sylt
Heiligendamm
Hamburg
Osnabrück
Hameln
Leipzig
Köln
Bergisch Gladbach
Frankfurt am Main
Stromberg
Mainz
Bayreuth
Naurath/Wald
Nürnberg
Zweibrücken
Herxheim
Tonbach
Stuttgart
München
Tegernsee

F R A N K F U R T

DIE BIBLIOTHEK DER KÖCHE

1. *Dieter Müller/Nils Henkel* **Bergisches Land**
2. *Johannes King* **Sylt**
3. *Harald Rüssel* **Mosel**
4. *Martin Fauster* **München**
5. *Martin Göschel* **Frankfurt**
6. *Ali Güngörmüs* **Hamburg**
7. *Thomas Kellermann* **Berlin**
8. *Jörg Glauben* **Pfalz**
9. *Eric Menchon* **Köln**
10. *Alexander Herrmann* **Oberfranken**
11. *Frank Buchholz* **Rhein-Main**
12. *Tillmann Hahn* **Mecklenburger Bucht**
13. *Peter Maria Schnurr* **Sachsen**
14. *Bernhard Diers* **Stuttgart**
15. *Michael Fell* **Oberbayern**
16. *Thomas Bühner* **Osnabrücker Land**
17. *Andree Koethe* **Mittelfranken**
18. *Karl-Emil Kuntz* **Mittlerer Oberrhein**
19. *Achim Schwekendiek* **Weserbergland**
20. *Johann Lafer* **Hunsrück**

INHALT

INHALT

Fisch und Krustentiere

INHALT

Fleisch

Gemüse

INHALT

DAX-Werte
ADS 47,23 T(47,20/ 47,24)| HEN3 38,47
ALV 143,27 T(143,25/143,29)| HRX 37,45
BAS 98,10 T(98,09/ 98,11)| IFX 8,17
BAY 59,12 T(59,11/ 59,14)| LHA 18,23
BMW 41,38 T(41,45/ 41,47)| LIN 88,75
CBK 26,28 T(26,30/ 26,32)| MAN 109,44
CON 86,56 T(86,61/ 86,64)| MEO 58,11
DAI 65,83 T(65,85/ 65,87)| MRK 88,12
DBK 88,63 T(88,70/ 88,72)| MUV2 129,42
DB1 128,26 T(128,10/128,17)| RWE 95,23
DPB 58,71 T(58,69/ 58,73)| SAP 35,60
DPW 23,32 T(23,33/ 23,35)| SIE 104,91
DTE 15,18 T(15,18/ 15,19)| TKA 36,95
EOA 144,35 T(144,66/144,69)| TUI1 19,00
FME 35,79 T(35,64/ 35,64)| VOW 155,21
TELENORMA
Prime Standard
General Standard
Entry Standard
ICF Kursmakler AG

13:39 Uhr
DAX®
Deutsche Börse
Vortag
7825.44
Erster
7811.08
Höchst
7916.65
Tiefst
7796.10
7920
7887
7855
7822
7790
09:00
10:05
11:10
12:15
13:20
14:25
15:30

M A R T I N   G Ö S C H E L

Vorhang auf für Gaumenschmaus

Er macht nicht gerne große Worte um seine Gerichte und das gestenreiche Erklären seiner Arbeit liegt ihm fern. Martin Göschel ist eher der besonnene Arbeiter am Herd, einer, der den Überblick bewahrt, ein geradliniger und disziplinierter Koch, der Präzision schätzt und bei dem jeder Handgriff den Eindruck erweckt, als habe er nie etwas anderes in seinem Leben gemacht als gekocht. Göschel strahlt auch unter zeitlicher Anspannung, die die Küche eines Gourmet-Restaurants nun mal mit sich bringt, Ruhe aus, eine professionelle Sicherheit, die sich in seinen durchdachten Aromen-Kreationen und Produkt-Arrangements wiederfindet, die im Frankfurter Tiger-Restaurant auf der Karte stehen. Vielleicht ist es ein Privileg der badischen Mentalität, der Kochkunst in einer unaufgeregten Art und Weise zu begegnen, die handwerkliche Perfektion so spielerisch leicht erscheinen lässt, und gleichzeitig so präzise mit Geschmack umzugehen weiß. Auch Martin Göschel kommt aus dem Landstrich, der nicht nur für eine bodenständige Gastronomie in den unzähligen Landgasthöfen bekannt ist, sondern, inspiriert vom Nachbarn Elsass, auch zunehmend der Gourmet-Küche einen breiten Platz eingeräumt hat. Geboren ist Göschel im badischen Mannheim, aufgewachsen in Ofertsheim, mitten in der alten Kurpfalz zwischen Mannheim und Heidelberg.

Kochen ist badische Mentalität

Wie viele seiner Kollegen hat auch Martin Göschel seine Leidenschaft fürs Kochen erst über Umwege entdeckt, ein Kindertraum, in der weißen Kochjacke am Herd zu stehen, war es nicht. „Dann schon eher Schreiner“, gesteht Göschel heute. Die Idee lag nahe, denn Martin Göschel stammt aus einem Architektenhaushalt. Schon früh geht er mit seinen Eltern auf den Bau, später hilft er beim Innenausbau der Häuser und lernt dort die unterschiedlichen handwerklichen

Berufe kennen, die mit Geschick und professionellen Handgriffen aus einem nackten Rohbau ein schickes Haus mit Ambiente zaubern. Etwas Handwerkliches, das konnte sich Martin Göschel für seine Zukunft vorstellen, doch als sich die Schulzeit langsam aber sicher dem Ende zuneigt, ist er unentschlossen. Die Entscheidung, in welche berufliche Richtung das Leben laufen wird, ist noch nicht endgültig gefallen. Seine ältere Schwester hatte sich bereits entschieden und eine Lehre als Hotelfachfrau angetreten. Aus ihren Erzählungen bekommt er einen ersten Einblick in die Gastronomie und Hotellerie, Martin Göschel beginnt sich für diese Berufswelt zu interessieren und fasst den Entschluss, im Gasthof am Ort ein Berufspraktikum zu machen. Zwei Wochen sind dafür angesetzt, zwei Wochen Orientierungshilfe, die in ihm die Leidenschaft, aber auch den Ehrgeiz wecken, aus der Vielfalt des kulinarischen Angebotes etwas Eigenes und damit etwas Neues machen zu können. Der Praktikumstag beginnt früh, die Einkaufstour mit

Artverwandt: Konzentration und präzise Handarbeit ist in der Küche und im Varieté gefragt.

dem Küchenchef auf dem Großmarkt wird für Martin Göschel zu einer Reise in die eigene Ideenwelt. In den unterschiedlichen Produkten sieht er die Herausforderung, handwerkliche Präzision und realistische Kreativität zusammenführen zu können, beides in einem angemessenen Gleichgewicht zu halten, ohne dabei das Profil des essentiellen Geschmacks zu verändern. Göschel ist angestochen und der Wunsch, Koch zu werden, wächst mit jedem Tag.

Der Weg in die Küche

Bis zum Ende seiner Schulzeit jobbt er in seiner Freizeit in der Gasthof-Küche oder hilft im Clubhaus des Tennisvereins Salate putzen und Schnitzel klopfen. Auch die einfachen, monotonen Küchenarbeiten, mit denen er sein Taschengeld aufbessert, können Martin Göschel nicht mehr von seiner Idee abbringen, Koch zu werden. Im Gasthof könnte er sofort anfangen, der Küchenchef hatte während des Praktikums das wachsende Interesse Göschels erkannt und bietet ihm eine Lehrstelle an. Doch die Eltern drängen ihn zu Bewerbungen, ermutigen ihren Sohn, den ersten Schritt in den Beruf gleich an der richtigen Stelle anzusetzen, am besten in einem von den Restaurant-Führern ausgezeichneten Betrieb. Martin Göschel kann zu dieser Zeit mit den Bewertungen der Guides noch nichts anfangen, kann die einzelnen Symbole und ihre Bedeutung nicht zuordnen. Aber er kennt die bekannten Namen der Kochszene und schickt seine Unterlagen nach München zu Eckhard Witzigmann, auf die Bühler Höhe zu Franz Keller und in das Hotel-Restaurant Ritter Durbach, das Anfang der 1990er Jahre ein Hort badischer Gastlichkeit zwischen bodenständigen Spezialitäten und französisch angehauchter „Haute

Cuisine“ ist. In Durbach gefällt es Martin Göschel schon beim ersten Vorstellungsgespräch, die freundliche Atmosphäre und die herzliche Aufnahme im traditionsreichen Familienbetrieb machen ihm die Entscheidung leicht. Nach einer Woche Praktikum, um das Haus kennenzulernen, beginnt die Lehre und damit die Kochkarriere von Martin Göschel.

Lehre unter Klassikern

Sein Lehrmeister ist ein Chef der alten Schule und verlangt von seinen Schülern viel Einsatz, Disziplin, aber auch Sparsamkeit und Wirtschaftlichkeit im Umgang mit den Produkten. Kein Zuckerschlecken in der Küche, sondern harte Arbeit in einem Familienbetrieb, dessen Erfolg in einer straffen Führung liegt. Martin Göschel bekommt erste Zweifel, ist sich seiner Sache nicht mehr ganz so sicher und es dauert eine ganze Weile, bis er erkennt, dass in dieser Lehre tatsächlich die Lehre liegt, eine Restaurant-Küche vor allem als Wirtschaftsbetrieb anzusehen, in dem nicht nur aus dem Vollen geschöpft werden kann, sondern behutsam mit Ressourcen umgegangen werden muss. Im Ritter Durbach lernt Martin Göschel das Kochhandwerk von der Pike auf, alles, was den Gästen serviert wird, ist von Grund auf hausgemacht und frisch zubereitet. Es sind vor allem die Klassiker wie Wildhasenpfeffer, Rehpfeffer, Forellen, Hechtsklößchen und Schneckensuppe, die von den Gästen besonders geschätzt werden, eine badische Variante der Grande Cuisine der nahen Elsässer Kollegen, aufgetragen und vorgelegt im Ambiente einer klassischen Restaurant-Kultur mit blitzenden Cloches, unter denen sich die Leistungen der Küche verbergen und die mit großer Geste am Tisch zelebriert werden.

Handwerklicher Feinschliff

Stilfrage: Durchdachte Aromen-Kreationen und klar strukturierte Produkt-Arrangements sind Martin Göschels Stärke.

Nach der Lehre zieht es Martin Göschel in den Schwarzwald. Seine Bewerbung gibt er in den beiden Spitzenhäusern „Barreiss“ und „Hotel Traube Tonbach“ ab, beide sagen zu und Göschel entscheidet sich für das „Barreiss“ in Mitteltal. Im Gourmet-Restaurant des renommierten Familienbetriebes arbeitet Claus-Peter-Lumpp, ein talentierter junger Koch mit einer markanten Handschrift, der das „Barreiss“ Schritt für Schritt in den Olymp der ausgezeichneten Adressen bringen wird. Für Göschel wird die Zeit unter Lumpps Regie zu einer zweiten Lehrzeit, in der durchorganisierten Küchenbrigade, die aus hoch qualifizierten Kochspezialisten besteht, die natürlich auch das Allround-Handwerk beherrschen, bekommt Martin Göschel seinen Feinschliff. Hektik wirkt in Lumpps Küche auf alle Köche beflügelnd, ja ansteckend, das Kochprogramm, das der Küchenchef durch ein Mikrofon ansagt, ist ein organisierter und durchdachter Stress, der Höchstleistung auf den Punkt fordert. Kein Handgriff darf danebengehen, jeder einzelne Posten ist mit den anderen ein gleichberechtigtes Rad im Getriebe des Ganzen und Martin Göschel lernt eine aufwendige Zubereitung und präzise Verarbeitung kennen, die ihn beeindruckt. Lumpp setzt den Jungkoch auf den Posten des Sauciers, eine verantwortungsvolle Aufgabe, in der nichts dem Zufall überlassen bleibt. Jedes Produkt, das die tragende Rolle in einem Gericht übernimmt, hat seine eigene Sauce, kleine Kunstwerke, die über Tage immer wieder angesetzt und reduziert werden. Manchmal dauert es über eine Woche, bis die Sauce so schmeckt, dass Küchenchef Claus-Peter Lumpp nach dem Probieren zufrieden schmunzelt. Die Perfektion der Saucen als verbindendes Geschmackselement liegt dem Küchenchef besonders am Herzen und Göschel verinnerlicht diese Idee auch in seinem Stil.

Nach fast drei Jahren Schwarzwald wechselt Martin Göschel in die Küche von Stefan Steinheuer in Heppingen an der Ahr. Der stämmige Meisterkoch fährt in dem kleinen Ort erfolgreich das Konzept von zwei sich ergänzenden Betrieben, einem bodenständigen Landgasthof und einem Gourmet-Restaurant, das regelmäßig mit Höchstnoten bewertet wird. Göschel, der während dieser Zeit den Küchen-Meisterkurs im nahen Koblenz belegt, findet sich in Stefan Steinheuers Küche schnell zurecht und bekommt einen weiteren tiefen Einblick in die Sterne-Gastronomie eines Familienbetriebes. Beide Restaurants werden aus einer Küche bedient und die perfekte Organisation ist der Schlüssel zum Erfolg der Steinheuers.

Auslandserfahrungen

Doch die Zeit an der Ahr ist begrenzt, mit dem Meisterbrief in der Tasche macht sich Martin Göschel auf in die Schweiz. Das Engagement im „Schlosshotel Chastè" in Scuol ist allerdings nur von kurzer Dauer und Göschel kehrt etwas enttäuscht den Schweizer Bergen den Rücken. Seine kulinarischen Vorstellungen konnte er hier nicht verwirklichen, das erste Auslandsabenteuer ist nach nur drei Monaten zu Ende. Auch der nächste Versuch, die Vita mit einer Koch-Station im Ausland zu bereichern, steht unter keinem guten Stern, obwohl es zunächst nicht danach aussieht. Im Gegenteil. Dieter Müller hatte den jungen Koch ins „Regent" nach Hongkong vermittelt und Martin Göschel macht sich auf den Weg, seinem neuen Arbeitsplatz in der britischen Kronkolonie einen ersten Besuch abzustatten. Göschel ist von den Dimensionen beeindruckt, rund 140 Köche arbeiten in der riesigen Küche, die Warenannahme ist ein Umschlagplatz für Produkte aus der ganzen Welt. Mit dem Arbeitsvertrag in der Tasche fliegt Göschel nach Deutschland zurück, um letzte private Dinge zu organisieren, bevor es für die nächsten Jahre nach Hongkong gehen soll. Die Koffer sind gepackt, das Ticket nach Hongkong gebucht, da kommt völlig überraschend die Absage. Mittlerweile war die Stadt an China zurückgegeben worden und die neuen Herren hatten sofort einen Einstellungsstopp für Europäer verhängt.

Wanderjahre in den Norden

Was nun? Für Martin Göschel sind mit der Absage aus Hongkong Auslandsabenteuer erst einmal auf Eis gelegt und er bewirbt sich kurzfristig bei Thomas Bühner, der damals noch im Restaurant „La Table" im Spielcasino in Dortmund-Hohensyburg kochte. Der sternegekrönte Küchenchef würde den talentierten Koch gerne als Souschef einstellen, hat aber aktuell keinen Platz frei und vermittelt Göschel für eine Übergangszeit an Juan Amador ins Fährhaus Munkmarsch auf Sylt. Für Martin Göschel wird die Zeit auf der Insel noch einmal zu einer spannenden und kreativen „Lehrzeit", Amador, der die klassische katalanisch-baskisch-französische Küche mit geschmacklicher Balance und bis dato ungewöhnlichen Kontrasten neu interpretiert, lässt ihn auf dem Posten des Chef-Sauciers seiner alten Leidenschaft frönen. Nach einem halben Jahr Sylt wechselt Göschel wie vorgesehen als Souschef zu Thomas Bühner nach Dortmund, arbeitet sich mit einer gesunden Portion Ehrgeiz und Leidenschaft in die hohe Kunst der Patisserie ein und wird damit zu jenem wichtigen Part der Küche, der den letzten Geschmackseindruck beim Gast hinterlässt. Doch

Genussmanager: Robert Mangold, Margareta Dillinger und Johnny Klinke sind die kreativen Köpfe des kleinen Genuss-Imperiums „Tigerpalast".

in Göschel reift der Wunsch, selbst als Küchenchef seinen kochenden Ideen freien Lauf zu lassen, eigene Kreationen auch als seine zu erkennen geben und mit seiner Persönlichkeit und seinem Führungsstil den Stil eines Restaurants zu prägen.

Küchenchef unter Tigern

In diese Überlegungen kommt unverhofft der Anruf von Robert Mangold, der für das Tiger-Restaurant in Frankfurt am Main einen neuen Küchenchef sucht und auf den jungen Koch aufmerksam geworden ist. Mangold, Geschäftsführer des Tigerpalastes und selbst gelernter Koch, trifft sich mit Göschel, um über die Konditionen einer Anstellung zu verhandeln. Doch das Gespräch nimmt einen anderen Verlauf, die beiden Profis philosophieren über Produkte, Küchenstile und Restaurantperspektiven und beide fahren mit dem gleichen guten Gefühl nach Hause: das Tiger-Restaurant hat einen neuen Küchenchef. Am 1. August 2000 beginnt Martin Göschel seine Arbeit als Chef de Cuisine im Tiger-Restaurant und ihm gelingt es in kurzer Zeit, die Idee des Varietés, das im Tigerpalast allabendlich seinen Auftritt hat, auch in seiner Küche umzusetzen. In der geradlinigen Leichtigkeit und klaren Linie von Göschels Gerichten, die von einer modernen französischen Interpretation beeinflusst sind, steckt nicht nur komplizierte Handwerkskunst, sondern auch eine geschickt gesetzte geschmackliche Pointierung, die einen höchst unterhaltsamen Gaumenschmaus bietet.

Miguel Martin ist der souveräne Restaurantleiter, der seit Jahren die Gäste mit Charme und Kompetenz betreut. Auch genaue Absprachen zwischen Küche und Service garantieren die besondere Qualität im „Tiger-Restaurant".

TIGER RESTAURANT
20

INTERNATIONA

Gegensätze: Das Gesicht der Geburtsstadt von Johann Wolfgang von Goethe ist heute von Wolkenkratzern geprägt

Frankfurt am Main Stadt der Gegensätze

Es gibt wohl kaum eine andere Stadt in Deutschland, die so von Gegensätzen geprägt ist und so polarisiert wie Frankfurt am Main, in deren Mauern mit Johann Wolfgang von Goethe einer der berühmtesten Deutschen geboren wurde. Sein Frankfurt existiert nicht mehr, die heutige Stadt ist moderne Bankenmetropole und abgeklärtes Finanzzentrum mit himmelstürmenden, teils futuristischen Wolkenkratzern auf der einen Seite, Lebensraum für eine bunte Mischung an Kulturen mit Lokalkolorit und Kleinstadtflair auf der anderen Seite, beides eingerahmt von multi-kulturellen Problemzonen in den gesichtslosen Vorstädten, alles umrahmt von einem Speckgürtel an noblen Taunus-Orten mit herrschaftlichen Villen und teuren Eigenheimen rund um die Stadt. Dazwischen der Frankfurter Grüngürtel, seit 1994 als Landschaftsschutzgebiet ausgewiesen, der rund ein Drittel des Stadtgebiets umfasst und sich ringförmig um den Stadtkern zieht. Zum Grüngürtel gehört auch der Stadtwald im Süden, der zu den größten innerstädtischen Wäldern in Deutschland zählt. Auch innerhalb der teils engen Stadtbebauung ist Frankfurt grün, der Palmengarten ist ein seit 1871 bestehender international renommierter Botanischer Garten, der rund 2500 Pflanzenarten kultiviert. Direkt daneben befinden sich der Botanische Garten und der Grüneburgpark. Als Sitz der Europäischen Zentralbank, der Bundesbank, der Deutschen Börse und der Messe hat die Stadt am Main weltweit Bedeutung und gehört als einzige deutsche Metropole zu den zehn Alpha-Weltstädten.

Frankfurt ist mit rund 700 000 Einwohnern eine großstädtische Kleinstadt oder umgekehrt, je nachdem aus welcher Perspektive man auf die Stadt blicken möchte. Den besten und schönsten Ausblick auf die Stadt hat man beim Anflug auf den Rhein-Main-Airport, einem der größten Flughäfen der Welt und dank seiner zentralen Lage in Europa ein viel frequentiertes Drehkreuz des internatio-

nalen Flugverkehrs. Bereits in den 1950er-Jahren etablierte sich Frankfurt als Hochhausstadt, von oben wirkt die Skyline im Bankenviertel majestätisch, die Wolkenkratzer, die zu den höchsten Gebäuden Europas gehören, aufgestellt nach einem rätselhaften geometrischen Muster. Im Schatten der Bankentürme steht die Alte Oper, ein gewaltiger Prachtbau vom Ende des 19. Jahrhunderts, der einen modernen Konzertsaal beherbergt, wenige Schritte davon entfernt liegt die mondäne Goethestraße mit ihren internationalen Nobel-Boutiquen und parallel dazu die so genannte „Fressgass", Frankfurts Genussmeile mit kleinen Delikatessengeschäften, Restaurants und Cafés. Im gedachten Mittelpunkt der Stadt steht die alte „Hauptwache", daran schließt sich die berühmte „Zeil" an, Frankfurts Hauptgeschäftsstraße. Zwischen den Häuserblocks schlängelt sich der Main und teilt die Stadt in zwei Hälften. Die beiden Mainufer entwickeln sich immer mehr zum attraktivsten Stadtraum Frankfurts, historische Gebäude und moderne Stadtarchitektur vermischen sich harmonisch und verschmelzen zu einem historisch-modernen Stadtbild, das Frankfurt so einzigartig macht. Das Museumsufer mit seinen nationalen und internationalen Ausstellungen, die Neugestaltung der Uferanlagen und die architektonisch anspruchsvollen Mainbrücken wie die „Alte Brücke" und der „Eiserne Steg", eine 1869 eröffnete Fußgängerbrücke, gehören zu den Wahrzeichen des alten und neuen Frankfurts.

New Wave

Dass die alte freie Reichsstadt Frankfurt trotz ihrer langen Geschichte heute weitgehend das Bild einer modernen Großstadt trägt, ihre Geschäftigkeit den Geflogenheiten des internationalen Business anpasst, dazwischen immer wieder ihre glanzvolle Historie aufblitzen lässt, macht die Stadt auch für Gäste aus aller Welt spannend und dynamisch. Den enormen Bombenschäden folgte der Wiederaufbau, teilweise gedankenlos und ausgerichtet nach dem schnellen Bedürfnis nach Wohnraum, teilweise aber auch markant und städteplanerisch bedeutsam. Entsprechend hat sich Frankfurts Stadtbild nach dem Zweiten Weltkrieg radikal verändert, von der ehemals größten zusammenhängenden Altstadt Deutschlands ist nur ein Fachwerkhaus übrig geblieben, das Haus Wertheym am Fahrtor überlebte die Bombennächte weitgehend unversehrt.

Die Überreste der historischen Altstadt befinden sich rund um den Römerberg, einem der bekanntesten Stadtplätze der Bundesrepublik mit der nach Kriegszerstörung rekonstruierten Häuserzeile und dem als „Römer" bekannten Rathaus. In der Altstadt steht auch der Frankfurter Kaiserdom mit seinem markanten spätgotischen Westturm, die katholische Kirche war die Wahl- und Krönungsstätte der deutschen Kaiser. Vom Dom zum Römer führte der Königsweg, die Prozessionsstrecke der frisch gekrönten Kaiser zum lukullischen Festbankett im Rathaus. Nur wenige Schritte vom „Römer" entfernt steht die Paulskirche. In dem klassizistischen Rundbau tagten 1848 bis 1849 die Delegierten der Frankfurter Nationalversammlung, der ersten frei gewählten Volkvertretung Deutschlands. Im März 1844 brannte die Paulskirche nach einem Bombenangriff aus und wurde nach dem Krieg als erstes historisches Gebäude Frankfurts wiederaufgebaut. Zum 100. Gedenktag der Nationalversammlung wurde sie am

18. Mai 1948 als Haus aller Deutschen und nationales Denkmal wiedereröffnet.

Typisch Frankfurt

Frankfurt bewegt sich dynamisch und voller Elan zwischen seiner Geschichte und Zukunft, der Umbau der Stadt ist längst nicht abgeschlossen. Das Projekt „FrankfurtHochVier" lässt mitten im pulsierenden Zentrum der Stadt ein exklusives Hochhaus-Ensemble entstehen, die erste vertikale Stadtlandschaft Deutschlands mit modernem Einkaufszentrum, First-Class-Hotel, Büro- sowie Wohnräumen und der Rekonstruktion des im Krieg zerstörten Palais Thurn und Taxis. Die Frankfurter nehmen es gelassen, Moderne und Tradition gehen in der Stadt längst Hand in Hand. Auch kulinarisch hat Frankfurt die regionalen Grenzen verlassen, die internationale Stadt, in der jeder vierte Bewohner nicht aus Deutschland stammt, bietet das ganze Spektrum der Weltküchen, das kulinarische Angebot ist im wahrsten Sinne des Wortes grenzenlos. Die Kleinmarkthalle ist das kulinarische Zentrum der Stadt, über 150 Marktstände bieten an jedem Werktag alle Arten von Lebensmitteln an. Doch zwischen Zutaten und Produkten aus aller Welt, dazu den unzähligen Spezialitäten-Restaurants in allen Stadtteilen, gibt es noch die Frankfurter Originale, die zeitlos jede „Fresswelle" und jedes „Modefutter" überstanden haben. Wer sie sucht, muss in den Stadtteil Sachsenhausen, hier dominiert eine gewachsene Mischung aus Einzelhandel und Gastronomie das Stadtbild. In den urigen Apfelweinlokalen wird nicht nur das aus einer Mischung verschiedene Apfelsorten gekelterte und herb-sauer-erfrischend schmeckende „Stöffche" ausgeschenkt, dazu gibt es Rippchen mit Kraut, Frankfurter Rindswurst oder die legendären Frankfurter Würstchen, eine dünne Brühwurst aus reinem Schweinefleisch im Saitling, deren besonderes Aroma durch ein spezielles Räucherverfahren erreicht wird. Gegessen werden sie traditionellerweise mit Brot, Senf und Meerrettich. Wer richtig tief eintauchen möchte in die kulinarischen Besonderheiten, der bestellt einen „Handkäs mit Musik" und bekommt einen reifen Sauermilchkäse, der mit einer Tunke aus Essig und Öl, verfeinert mit gewürfelten Zwiebeln, Kümmel, Pfeffer und Salz serviert wird. Legendär ist auch die „Frankfurter Grüne Sauce", eine Mischung aus saurer Sahne, Öl, Essig, Salz und Pfeffer, die traditionell aus den sieben Kräutern Borretsch, Kerbel, Kresse, Petersilie, Pimpinelle, Sauerampfer und Schnittlauch hergestellt wird. Zum gesunden Klassiker werden gekochte Kartoffeln und hartgekochte Eier gereicht, häufig wird die Sauce auch als Beilage zu gekochter Ochsenbrust, Tafelspitz oder Fisch serviert. Traditionell werden die erforderlichen Kräuter von Gärtnern im Stadtteil Oberrad angebaut und in der richtigen Mischung in weißen Papiertüten auf den Markt gebracht. Die Saison beginnt traditionell am Gründonnerstag und dauert bis zum ersten Frost im Herbst.

Hauptsächlich zur Weihnachtszeit haben die „Bethmännchen" in Frankfurt Saison, eine nach der Frankfurter Bankiersfamilie Bethmann benannte Gebäckspezialität aus Marzipanteig, Puderzucker und Rosenwasser. Der zu kleinen Kugeln geformte Teig wird mit jeweils drei halbierten Mandeln verziert, mit Eigelb glasiert und gebacken. Dagegen ist der Frankfurter Kranz eine Tortenspezialität aus Sand- oder Biskuitteig, der in einer Kranzform gebacken, mit Buttercreme – manchmal auch mit Konfitüre – bestrichen und mit Krokant und

Mandelblätter garniert wird. Der rautenförmige Pfefferkuchen, der als „Haddekuche", was schlicht „Hartekuchen" heißt, angeboten wird, gehört zu den einfachen, aber markanten Spezialitäten des alten Frankfurt.

Die Tiger sind los

Neben vielen Spezialitäten und Besonderheiten bietet Frankfurt auch außergewöhnliche Unterhaltung, etwas versteckt und von außen unscheinbar in einer Sackgasse unweit der „Zeil" gelegen, aber im Inneren des Hauses immer spektakulär. Besonders traditionsreich ist er nicht, der „Tigerpalast" hat erst vor rund 20 Jahren in der Heiligkreuzgasse seine Türen für das Publikum geöffnet, aber er gehörte von Anfang an zu dem Lebensgefühl Frankfurt, das Historie und Modernität erfolgreich zusammenbringt und damit Tradition immer wieder neu definiert. Johnny Klinke und Margareta Dillinger hatten die Idee zu einem Varieté-Theater, das hochkarätige Unterhaltung im Stile einer längst vergangenen Epoche bietet, gleichzeitig in seiner Präsentation und seinem Programm hochaktuell ist und die Renaissance anspruchsvoller großstädtischer Unterhaltungskultur pflegt. Unterstützt wurde sie dabei von Robert Mangold, der vor der Eröffnung zu dem Duo stößt und die kaufmännische Leitung und die Gastronomie des Tigerpalastes übernimmt. Seit der Eröffnung Ende September 1988, zum damaligen Zeitpunkt war das Varieté als klassisches Genre der Abendunterhaltung nahezu ausgestorben, treten im „Tigerpalast" trotz der beengten Verhältnisse in einem Saal mit nur 150 Plätzen regelmäßig große Persönlichkeiten der internationalen Artistenwelt auf, das einzigartige

Nachtleben: Hoch ragt die leuchtende Frankfurter Skyline über die Häuserzeilen der Mainmetropole

Ambiente und die unverwechselbare Atmosphäre des alten Ballsaales haben seither rund 2 Millionen Zuschauer begeistert.

Doch es ist nicht allein die künstlerische Unterhaltung auf der Bühne, die den Erfolg des Varietés

ausmacht. Das gastronomische Konzept des „Tiger-Restaurants“, das seit rund zehn Jahren mit einem Michelin-Stern gekrönt ist, passt sich ein in die Welt der staunenden Unterhaltung. Mit Martin Göschel am Herd gehört das Gourmet-Restaurant zu den festen Größen Frankfurts, ein bisschen Varieté spielt auch bei seinen Gerichten mit: durchdachte und anspruchsvolle Kreationen, die herausfordern, deren Überraschungsmoment nicht sofort ersichtlich ist, sondern die in ihrer Präzision und Exaktheit den Geschmack auf den Weg bringen, um ihn zielgerichtet in einem Finale ankommen zulassen. Zwei Menüs und rund 20 zusätzliche Gerichte stehen auf der Karte, der Gast soll im „Tiger-Restaurant“ aus dem auswählen können, was sich Martin Göschel und seine Küchenmannschaft ausgedacht haben. Denn schließlich geht es auch beim Essen um gute Unterhaltung, und ein abwechslungsreiches Programm ist dafür der beste Garant. Auf

Taschenspielertricks und Effekthascherei verzichtet Martin Göschel in seiner Küche ganz bewusst, für ihn geht es in erster Linie um Qualität von Produkt und Zubereitung, die Philosophie des gesamten Hauses lässt ohnehin keinen anderen Weg zu.

Was im „Tigerpalast“ auf die Bühne des Varietés oder auf die Tische des „Tiger-Restaurants“ kommt, ist immer von besonderer Finesse, ein bemerkenswertes Unterhaltungskonzept, bestehend aus internationaler Artistikkultur und ausgezeichneter Gastronomie. Für Frankfurt ist der „Tigerpalast“ längst eine feste Institution in der Kulturszene der Stadt und ein Paradebeispiel für den Pioniergeist ihrer Bürger, den die „Tigerpalast-Macher“ auch bei der Neuausrichtung der Gastronomie im Palmengarten unter Beweis stellten. Nach einjähriger Bauzeit eröffnete 2004 das „Siesmayer“, ein modernes Restaurant im Pariser Brasserie-Stil mit eigener Konditorei der Spitzenklasse.

Internationalität: Während in der Kleinmarkthalle Lukullisches aus aller Welt angeboten wird, starten am Frankfurter Flughafen Maschinen in alle Destinationen des Globus

Vorspeisen

Cannelloni von gegrilltem Gemüse
Carpaccio und Jakobsmuschel im Brotteig
Gelee von gepökelter Kalbszunge
Mandelmousse mit Paprika
Scheiben von mild gebeiztem Kalbsfilet
Tatar von der Kamtschatka-Krabbe

Cannelloni von gegrilltem Gemüse

mit Avocado-Guacamole, Saté von Black-Tiger-Garnele, Tomaten-Papaya-Salat und kleinem Currysüppchen

Avocado-Cannelloni im Gemüsemantel

Für 4 Personen

Gemüsemantel
muss über Nacht kühlen
30 ml Olivenöl
1 Karotte
½ Knollensellerie
1 Kohlrabi
1 rote Paprika
1 gelbe Paprika
1 Zucchino
Salz, Pfeffer

Avocado-Füllung
350 g Avocado
5 g feines Meersalz
1 fein gewürfelte Schalotte
5 ml Limettensaft
1 g Pfeffer
20 g fein geschnittener Schnittlauch
1 Tropfen Tabasco
2 Eiertomaten
Salz, weißer Pfeffer aus der Mühle

Tomatengelee
6 Eiertomaten
Salz, Pfeffer, Zucker
2 EL Sweet-Chili-Soße
1 Blatt Gelatine

1. Das gesamte Gemüse schälen, die Zucchini sorgfältig waschen. Die Karotte, den Sellerie, die Kohlrabi und die Zucchini der Länge nach auf eine Stärke von 3 mm aufschneiden. Die Paprika halbieren, von dem Kerngehäuse und den letzten Schalenresten befreien. (Die Paprikahälften lassen sich am besten anbraten, wenn sie in der Pfanne mit einem Stieltopf beschwert werden.) Das Gemüse mit Salz und Pfeffer würzen und in wenig Olivenöl anbraten, so dass eine leichte Färbung entsteht.

2. Nach dem Anbraten das Gemüse auf Küchenpapier trocken tupfen und zum Abkühlen für 15 Minuten abgedeckt in den Kühlschrank stellen. Das gebratene Gemüse wird in eine mit Klarsichtfolie ausgelegte Kastenbackform bunt eingeschichtet. Die „Gemüseterrine" mit Folie abdecken und über Nacht im Tiefkühlfach einfrieren.

3. Die reife Avocado mit Schale der Länge nach halbieren und durch eine leichte entgegengesetzte Drehbewegung beider Hälften teilen. Den Kern entfernen und das Avocadofleisch mit einem Esslöffel aus der Schale herausschaben. Von dem Avocadofleisch 100 g mit Salz und Pfeffer würzen und mit einer Küchenmaschine zu einem feinen Püree mixen. Das restliche Avocadofleisch in feine 5 x 5 mm große Würfel schneiden und in einer Schüssel direkt mit Limonensaft mischen. Mit den Schalottenwürfeln und dem Schnittlauch verfeinern.

4. Die Eiertomaten in leicht kochendem Wasser für 5 Sekunden blanchieren und sofort in Eiswasser abschrecken. Durch diesen Vorgang lässt sich die Haut der Tomaten einfach mit einem kleinen Messer abziehen. Die Tomaten vierteln, das Kerngehäuse herausschneiden und das Tomatenfleisch in feine Würfel schneiden. Diese Eiertomatenwürfel ebenfalls unter das Avocadotatar mischen, mit Salz, Pfeffer und Tabasco würzen. Mit Klarsicht- und Alufolie, luftundurchlässig und lichtdicht abgedeckt, bis zur weiteren Verwendung kühl stellen.

Cannelloni von gegrilltem Gemüse

5. Die Eiertomaten in grobe Würfel schneiden und mit Salz, Pfeffer und etwas Zucker würzen. Für 10 Minuten abgedeckt stehen lassen, so dass das Wasser aus der Tomate besser heraustritt. Mit 2 EL Sweet-Chili-Soße in einer Küchenmaschine fein mixen und den Eiertomatenbrei durch ein Küchentuch abpassieren. Durch diesen Vorgang entsteht ein klarer Tomantenfond. Von diesem Eiertomatenfond 100 ml erhitzen und die zuvor in kaltem Wasser eingeweichte Gelatine darin auflösen.

6. Sobald die drei Komponenten gefertigt sind, wird die gefrorene Gemüsecannelloni aus der Folie genommen und mit einer Aufschnittmaschine der Länge nach in einer Stärke von 2 mm aufgeschnitten. Die noch gefrorenen Scheiben werden auf Klarsichtfolie so aneinandergelegt, dass eine lückenlose große Matte von ca. 15 x 35 cm entsteht.

7. Das Avocadotatar in einen Spritzbeutel (ohne Tülle) umfüllen und die Spritzbeutelspitze soweit kappen, dass das Avocadotatar in einem Durchmesser von 3 cm auf die Gemüsematte aufgespritzt werden kann. Nun vorsichtig mit Hilfe der Folie zu einem Cannelloni rollen (ähnlich wie bei der Herstellung von Sushi). Mit einem Messer in 4 gleich große Stücke teilen und mit dem inzwischen abgekühlten Tomatengelee abpinseln. Bis zum Anrichten kühl stellen.

Tomaten-Papaya-Salat

1 EL Crème fraîche
20 ml Orangensaft
3 g Madras-Currypulver
3 Eiertomaten
1 Papaya
¼ Bund Kerbel
Salz, Pfeffer

1. Die Crème fraîche und den Orangensaft in einer Schüssel mit dem Madras-Currypulver mischen. Die Eiertomaten in kochendem Wasser ca. 5 Sekunden blanchieren, direkt mit Eiswasser abschrecken und die Tomatenschale mit einem kleinen Küchenmesser abziehen. Die abgezogenen Tomaten vierteln und das Kerngehäuse herausschneiden. Die Tomatenviertel in Streifen schneiden.

2. Die Papaya mit einem Sparschäler schälen, halbieren, von den Kernen befreien und ebenfalls in feine Streifen schneiden. Den Kerbel waschen, abtrocknen, die Blätter abzupfen und fein hacken.

Cannelloni von gegrilltem Gemüse

Die Eiertomaten- und Papayastreifen und den Kerbel mit der Curry-Crème fraîche mischen und mit Salz und Pfeffer abschmecken.

Currysüppchen

½ Babyananas
½ Banane
½ Apfel (Granny Smith)
½ Stange Lauch (nur das Weiße)
1 Staudensellerie
2 Stangen Zitronengras
2 Schalotten
30 g Butter
1 EL Palmzucker*
1 EL Madras-Currypulver
50 ml trockener Weißwein
30 ml Pfirsichsaft
200 ml heller Geflügelfond
100 ml Sahne
1 EL Crème fraîche
Salz

4 Black-Tiger-Garnelen
4 Holzspieße
40 g Mesclin-Salat (siehe S. 41)

* Palmzucker hat eine cremige Süße und ist in Asia-Shops erhältlich

1. Das Obst und das Gemüse putzen, schälen und in gleich große Stücke schneiden. Mit der Butter in einen Topf geben, leicht anrösten, mit dem Palmzucker karamellisieren und das Currypulver darüberstäuben. Mit Weißwein, Pfirsichsaft, Geflügelfond und Sahne auffüllen und etwa 15 Minuten bei schwacher Hitze köcheln.

2. Die Suppe mit einem Zauberstab pürieren und durch ein feines Haarsieb passieren. Die noch heiße Cremesuppe mit der Crème fraîche aufschlagen und, wenn nötig, mit etwas Salz abschmecken.

3. Die Garnelen auf die Holzspieße aufspießen, kurz anbraten und auf den Tomaten-Papaya-Salat setzen. Die Cannelloni auf den Teller legen, das Süppchen in einen kleinen Tumbler abfüllen und mit auf den Teller stellen. Mit etwas mariniertem Mesclin-Salat garnieren.

Carpaccio und Jakobsmuschel im Brotteig

mit Dörrobstkompott und Avruga-Kaviar

Für 4 Personen

Fischmarinade
muss 2 Stunden ziehen
30 ml Limettensaft
2 g grobes Meersalz
1 Stange Zitronengras
¼ Knoblauchzehe
¼ Schalotte
1 Zweig Koriander
½ Vanilleschote
30 ml Traubenkernöl
30 ml kalt gepresstes Olivenöl

Dörrobstkompott
25 g Trockenpflaumen
25 g Trockenaprikosen
25 g getrockneter Koriander
25 g getrocknete Feigen
25 g getrocknete Äpfel
150 ml Vollmilch, 3,5% Fett
2 g Cayenne-Pfeffer, 2 g Salz
3 Tropfen Tabasco

24 Jakobsmuscheln
(in der Schale, vorzugsweise aus der Bretagne)

Jakobsmuschelfarce
100 ml Sahne, 33% Fett
etwas Salz

Jakobsmuschelbrotteig
2 Scheiben Weißbrot
Salz, japanischer Bergpfeffer
30 ml Olivenöl

60 g Avruga (geräucherter Hechtkaviar)
4 dünne getrocknete oder getoastete Weißbrotscheiben
40 g Mesclin-Salat*

* Mischung aus würzigen Salaten, z.B. Radicchio, Lollo rosso, Feldsalat, Eichblattsalat, Salatspinat

1. Den Limettensaft mit Meersalz, Zitronengras, der Knoblauchzehe, der Schalotte, Koriander und Vanillemark fein mixen. Das Oliven- und Traubenkernöl unterrühren, so dass eine Emulsion entsteht. Die Marinade 2 Stunden ziehen lassen und durch ein Haarsieb passieren.

2. Die Trockenfrüchte in etwa 3 x 3 mm große Würfel schneiden, in eine Schüssel geben und mit der Hälfte der Milch angießen. Mit Cayenne-Pfeffer, Salz und Tabasco würzen, gut verrühren und mit Klarsichtfolie abdecken. Bei Zimmertemperatur 15 Minuten quellen lassen. Danach die andere Hälfte der Milch unterrühren und abermals 15 Minuten quellen lassen. Kühl aufbewahren.

3. 12 Jakobsmuscheln auslösen. Wenn noch vorhanden, den Corail (Innereien) komplett entfernen, die Muschel unter kaltem fließendem Wasser waschen und auf einem Küchenpapier trocken legen.

4. Das Fleisch von 4 Jakobsmuscheln mit Salz fein pürieren und die Sahne untermixen, bis eine homogene Masse entsteht. 4 weitere Jakobsmuscheln in 2 mm dicke Scheiben aufschneiden und rosettenartig anrichten. Mit der fertigen Fischmarinade bepinseln.

5. Das Weißbrot der Länge nach in 3 mm Dicke aufschneiden, von der Rinde befreien und dünn mit der Jakobsmuschelfarce bestreichen. Die 4 restlichen Jakobsmuscheln im Ganzen mit Salz und japanischem Bergpfeffer würzen und darin einrollen. Die Jakobsmuscheln im Mantel vorsichtig in Olivenöl goldbraun anbraten. Danach für 4 Minuten im Backofen (160 °C) fertig garen.

6. Eine im Brotteig gebratene Jakobsmuschel auf die rohe Jakobsmuschelrosette setzen, eine Nocke von 20 g Dörrobst darauf platzieren. Die getrocknete oder getoastete Weißbrotscheibe als Puffer daraufsetzen und oben auf mit einer Nocke von 15 g Avruga-Kaviar vollenden. Etwas marinierten Mesclin-Salat daneben auf dem Teller verteilen.

Tipp

Der Avruga-Kaviar ist eine hervorragende Alternative zu echtem Kaviar vom Stör. Das Aroma ist leicht rauchig mit einer leicht zitronigen Note.

Gelee von gepökelter Kalbszunge

mit Kartoffel-Senf-Salat und Felchenkaviar

Für 4 Personen

1 gepökelte Kalbszunge
muss 2 Stunden köcheln
2 Schalotten
1 Knoblauchzehe
etwas Karotte, Sellerie, Lauch,
Lorbeerblatt, Wacholderbeere, Nelke

Kalbszungengelee
240 ml reduzierter Zungenfond
1 TL Senf
4 Blatt Gelatine

Kartoffelsalat
200 g gekochte Salatkartoffeln
30 g Frühlingslauch
30 g Tomatenwürfel
Kalbszungenfond, Essig, Öl, Senf,
Salz, Pfeffer

Wasabicreme
muss eine Stunde kalt stehen
150 g Crème fraîche
1 TL Wasabicreme*

10 g Felchenkaviar
einige Salatblätter

* grüner japanischer Meerrettich

1. Die Kalbszunge wird in einem Topf mit kaltem Wasser und den oben genannten Zutaten aufgesetzt. Nach etwa 2 Stunden leichtem Köcheln ist die Kalbszunge gar und kann vom Herd genommen werden. Die Kalbszunge in ca. 2 mm dicke Scheiben aufschneiden. Der Sud, der beim Garen der Kalbszunge entsteht, wird bei der Herstellung des Gelees verwendet.

2. Den Zungenfond, der beim Garen der Kalbszunge entstanden ist, um die Hälfte reduzieren. Davon 240 ml abmessen und warm stellen. Die andere Hälfte des Fonds wird zum Abschmecken des Kartoffelsalates verwendet. Die Blattgelatine in kaltem Wasser einweichen und in dem warmen Kalbszungenfond auflösen. Nun die Kalbszungen-Scheiben in der vorgesehenen Terrinenform aufeinanderschichten und mit dem mittlerweile abgekühlten Gelee übergießen. Für mindestens 1 Stunde in den Kühlschrank stellen und erst zum Anrichten aus der Form stürzen.

3. Die gekochten und geschälten Kartoffeln in gleich große Würfel schneiden und mit warmem Kalbszungenfond nach und nach übergießen, so dass die Kartoffeln den Fond aufnehmen können. Mit Essig, Salz und Pfeffer abschmecken. Einen Teelöffel Senf und Salatöl zum Abrunden an den Kartoffelsalat geben. Vor dem Anrichten mit fein geschnittenem Frühlingslauch und Tomatenwürfeln verfeinern.

4. Die Crème fraîche und die Wasabicreme verrühren und mindestens 1 Stunde kalt stellen, so dass die Crème fraîche wieder etwas fester in ihrer Konsistenz wird.

5. Die Kalbszunge aufteilen und zusammen mit dem Kartoffelsalat, der Wasabicreme und etwas sommerlichen Salatblättern anrichten, den Felchenkaviar auf das Gelee obenauf streichen.

Tipp

Den Garpunkt der Kalbszunge kann man genau bestimmen, indem man mit einer Fleischgabel in die Spitze der Zunge sticht. Löst sich die Gabel von der Zunge, ist diese weich gekocht.

Mandelmousse mit Paprika

und Gazpacho von Frankfurter Kräutern

Für 4 Personen

Ratatouille-Gemüse
1 rote Paprika
1 gelbe Paprika
1 Zucchino
1 Aubergine
1 Schalotte
Salz, Pfeffer, Thymian, Rosmarin
20 ml kalt gepresstes Olivenöl
1 TL Tomatenmark
10 ml alter Balsamicoessig
20 ml Gemüsebrühe

Mandelmousse
(muss 5 Stunden kühlen)
2 Scheiben Weißbrot
2 Tropfen Bittermandelextrakt
200 ml Mandelmilch
3 Blatt Gelatine
250 g geschlagene Sahne

Grüne Kräuter-Gazpacho
280 ml klarer Tomatenfond (siehe Rezept, Seite 38)
1 Knoblauchzehe
1 kleine Schalotte
1 kleine Karotte
1 Salatgurke
1 Strauchtomate
6 Mandeln
4 Scheiben Toastbrot ohne Rinde
1 Bund Frankfurter Kräuter*
Tabasco, Cayenne-Pfeffer, Salz, schwarzer Pfeffer

4 Toastbrot-Ringe
12 ausgestochene Gurkenperlen

* Klassische Mischung aus: Petersilie, Schnittlauch, Kerbel, Sauerampfer, Dill, Borretsch, Kresse, Estragon, Liebstöckel und Zitronenmelisse

1. Die gelbe und rote Paprika halbieren, das Kerngehäuse herausschneiden und im auf 180 °C vorgeheizten Backofen für 15 Minuten garen. Die Paprika aus dem Ofen nehmen und mit einem feuchten Tuch abdecken. So lässt sie sich besser enthäuten. Danach gleichmäßige Quadrate von je 1 cm herausschneiden, die Abschnitte aber aufheben. Diese Paprikaquadrate dienen später zum schachbrettartigen Verzieren der Mousse. Die Abschnitte der Paprika in kleine Würfel schneiden. Das restliche Gemüse putzen und ebenfalls in kleine Würfel schneiden. Die Gemüsewürfel würzen, in Olivenöl scharf anbraten, mit dem Tomatenmark, Balsamicoessig und der Gemüsebrühe auffüllen und einkochen.

2. Die Weißbrotscheiben ohne Rinde in 3 mm dicke Scheiben schneiden und in eine mit Folie ausgelegte Kastenform aneinanderlegen.

3. Die Mandelmilch und den Bittermandelextrakt erwärmen. Die Gelatine in kaltem Wasser einweichen und danach in der Mandelmilch auflösen. Die Schüssel mit der Grundmousse in einer zweiten Schüssel mit Eiswasser kalt rühren. Die geschlagene Sahne mit einem Gummischaber vorsichtig unter die kalte Grundmousse heben und in die mit den Weißbrotscheiben ausgelegte Kastenform geben. Für 5 Stunden kühlen und danach vorsichtig mit der Folie aus der Form ziehen, in Quadrate schneiden und mit der Paprika schachbrettartig belegen.

4. Den klaren Tomatenfond und die geputzten und geschälten Gemüse und Zutaten in einem Mixer fein pürieren, so dass eine breiige Suppe entsteht. Diese durch ein grobes Sieb passieren, so dass die Suppe von der Konsistenz her dünner wird, jedoch noch eine Bindung aufweist. Kräftig mit Tabasco, Cayenne-Pfeffer, Salz und Pfeffer abschmecken und bis zum Verzehr kalt stellen.

5. Die Mandelmousse in die Mitte eines tiefen Tellers setzen, das Ratatouille mit zwei Löffeln in Form bringen und diagonal obenauf setzen. Als Garnierung einen Ring aus getrocknetem Toastbrot und ein paar Gurkenperlen vorsehen.

Scheiben von mild gebeiztem Kalbsfilet

mit Gurken-Austernwasser-Gelee und pochierter Belon-Auster

1. Das Kalbsfilet von Sehnen befreien und über fein gehackte Kräuter rollen. Die Kräuter andrücken und das Filet in Klarsichtfolie einrollen, so dass die Kräuter am Fleisch anliegen und bei –18 °C einfrieren.

2. Mit einem Perlenausstecher ca. 20 Perlen aus der ungeschälten Salatgurke ausstechen und kühl stellen. Die restliche Gurke zerkleinern und durch ein Haarsieb passieren, so dass ein leicht grünlicher Saft übrig bleibt. Von diesem 60 ml für das Gelee wegnehmen.

3. Während der Gurkenfond abtropft, die Austern aufbrechen und vom Muskel lösen. Das Austernwasser durch ein Haarsieb passieren und davon 40 ml abmessen. Die Austern auf einen Teller legen, mit Olivenöl bestreichen und mit Klarsichtfolie bedeckt kalt stellen.

4. Die Gelatine in kaltem Wasser einweichen. Währenddessen den Austernfond mit Weißwein und Gurkenfond erwärmen. Die Gelatine im Austernwasser auflösen.

5. Crème fraîche in einer Schüssel mit dem Meersalz, japanischem Pfeffer und Limonenabrieb würzen und den Schnittlauch unterrühren. Zum Schluss den Limonensaft vorsichtig mit dem Schneebesen unterrühren, so dass die Creme durch die Säure nicht gerinnt.

6. Marinade: Essig mit Meersalz, der Knoblauchzehe, der Schalotte, Koriander, dem Limetten- und Orangenschnitz mixen. Alle Zutaten grob zerkleinern und Walnuss- und Sesamöl einrühren, bis eine Emulsion entsteht. Diese 2 Stunden ziehen lassen, dann passieren.

7. Für jeden Teller 6 dünne Scheiben Kalbsfilet aufschneiden und direkt rosettenartig in der Mitte des Tellers platzieren. Das Kalbsfilet mit der Marinade bepinseln. Gleichzeitig die Austern im vorgeheizten Backofen bei 100 °C etwa 5 Minuten leicht erwärmen.

8. Das Gelee als Kranz um das Kalbsfilet legen, mit mariniertem Mesclin-Salat dekorieren und die leicht pochierte Auster vorsichtig auf das Kalbsfilet platzieren. Anschließend etwas Crème fraîche angießen.

Für 4 Personen

Gebeiztes Kalbsfilet
200 g Kalbsfilet aus dem Mittelstück
60 g gehackte Frankfurter Kräuter[1]

Austernwasser-Gelee
150 g Salatgurke
4 Belon-Austern[2], Größe 00000 (alternativ Größe 000) – davon 40 ml Austernfond
10 ml Olivenöl, 1 Blatt Gelatine
10 ml trockener Weißwein

Limonen-Crème fraîche
100 g Crème fraîche, 39%
Abrieb und Saft von einer Limone
feines Meersalz, Pfeffer
20 g fein geschnittener Schnittlauch

Marinade
muss 2 Stunden ziehen
50 ml Holunderblütenessig
2 g Meersalz
¼ Knoblauchzehe, ¼ Schalotte
2 Zweige Koriander
1 Stück Orangenschale
1 Stück Limettenschale
30 ml Walnussöl
40 ml geröstetes Sesamöl

20 Perlen aus der Salatgurke
4 hauchdünne Scheiben Schwarzwälder Speck
40 g Mesclin-Salat (siehe S. 41)

1) Klassische Mischung aus: Petersilie, Schnittlauch, Kerbel, Sauerampfer, Dill, Borretsch, Kresse, Estragon, Liebstöckel und Zitronenmelisse

2) Belon-Austern gelten für viele Liebhaber als der Gipfel der Genüsse. Die „Belon" ist eine europäische Auster (franz.: huître plate). Diese im Gegensatz zur anderen genannten Art nicht an Felsen, sondern im Schlick lebende „platte" Rarität – benannt nach dem gleichnamigen Fluss in der Bretagne – schmeckt sehr subtil und leicht nussig. Sie ist teurer als die meisten anderen Austernarten.

Tatar von der Kamtschatka-Krabbe

mit Limonen-Crème fraîche und Imperial-Kaviar

Für 4 Personen

Limonen-Crème fraîche
100 g Crème fraîche
Abrieb von ½ Limone und Limonensaft
Salz, Pfeffer, Cayenne-Pfeffer

Krustentierfond
500 g Hummerkarkasse
200 g Mire poix (Möhren, Lauch, Zwiebeln, Fenchel, Staudensellerie)
20 ml Cognac
200 ml Noilly Prat
30 ml Pernod
500 ml Geflügelbrühe
5 reife, klein geschnittene Tomaten
3 Knoblauchzehen
1 Zweig Thymian
3 Zweige Estragon
5 g Kümmel
3 g Safranfäden
Salz, Pfeffer

Krustentier-Limonen-Gelee
(muss eine Stunde kühlen)
350 ml klarer Krustentierfond (siehe Punkt 2)
4 Blatt Gelatine
10 g fein gehackter Zitronenthymian
1 kalte, mit Klarsichtfolie abgezogene Marmorplatte

Krabbenfleisch
1 gekochte und ausgenommene Krabbe
Abrieb von ½ Limone und Limonensaft
30 g geschnittener Schnittlauch
3 EL Limonen-Crème fraîche (siehe Punkt 1)
Salz, Pfeffer

60 g geröstete, geriebene Mandeln
60 g Imperial-Kaviar
40 g Mesclin-Salat (siehe S. 41)

1. Die Crème fraîche vorsichtig mit Limonensaft und Abrieb von der Limone verrühren und mit Salz, Pfeffer und Cayenne-Pfeffer abschmecken. Die fertige Creme in einen Spritzbeutel füllen und bis zum Verzehr kühl lagern.

2. Die Karkassen klein hacken und mit dem Mire-poix-Gemüse bei 160 °C im Backofen 45 Minuten lang rösten. Anschließend in einem Topf bei mittlerer Hitze auf den Herd stellen. Mit dem Cognac, dem Pernod und dem Noilly Prat ablöschen und mit der Geflügelbrühe auffüllen. Tomaten, Knoblauch und Kräuter dazugeben. Mit den Gewürzen verfeinern, 30 Minuten köcheln lassen und durch ein Haarsieb passieren. Von diesem Fond 350 ml aufbewahren.

3. Den Krustentierfond erwärmen, die in kaltem Wasser eingeweichte Gelatine darin auflösen, den Zitronenthymian unterrühren und auf der kalten Marmorplatte dünn ausgießen. Im Kühlschrank 1 Stunde auskühlen lassen. Danach 10 x 10 cm große Quadrate herausschneiden, das Krabbenfleisch aus dem Spritzbeutel darauf drücken und zu einem Cannelloni rollen. Mit einer Palette vorsichtig auf einen geölten Teller umsetzen und kalt stellen.

4. Das Krabbenfleisch wie ein Tatar klein schneiden, mit der Limonen-Crème fraîche mischen (siehe Punkt 1), den Abrieb und Saft einer ½ Limone dazurühren. Mit Salz und Pfeffer würzen und den Schnittlauch hinzugeben. Das Krabbentatar ebenfalls in einen Spritzbeutel füllen und kühl stellen.

5. Die Krabbencannelloni mittig auf den Teller legen den Imperial-Kaviar, den marinierten Mesclin-Salat dazu drapieren und mit Mandelstaub bestreuen.

Anmerkung

Die Kamtschatka-Krabbe ist auch als Alaska-Königskrabbe bekannt und hatte ursprünglich ein Verbreitungsgebiet von Korea bis Kamtschatka, von den Aleuten bis zur Westküste Alaskas und nach Süden bis zur kanadischen Pazifikküste. Wegen Überfischung gelten jedoch inzwischen Strenge Schutzvorschriften. Im Handel findet man das Fleisch meist als „King Crab Meat".

Suppen

Geschäumtes Gänsestopfleber-Süppchen
Geschäumtes Rote-Bete-Süppchen
Krustentier-Safran-Süppchen
Scharfes Currysüppchen

Geschäumtes Gänsestopfleber-Süppchen

mit gefülltem Périgord-Trüffel
im Schwarzwälder Speckmantel gebraten

Für 4 Personen

Gänsestopfleber-Süppchen
100 g helles, geputztes Mire poix (Schalotten, das Weiße vom Lauch, Knollensellerie)
50 g Schalotten
30 g Butter
20 ml Madeira
20 ml roter Portwein
1 Zweig Thymian
1 EL Crème fraîche
400 ml Geflügelbrühe
50 ml Trüffelfond
Salz, Pfeffer
100 g marinierte Gänsestopfleber aus dem Feinkostladen
50 g geschlagene Sahne

Gefüllter Trüffel
4 eingeweckte Trüffel à 20 g
80 g bratfähige Gänsestopfleber
8 dünne Scheiben Speck
10 g Butter

Selleriepüree
100 g Knollensellerie
3 Stück Schalotten
20 g Butter
etwas Zucker
1 cl Himbeeressig
Salz, 50 ml Gemüsebrühe

Trüffeltapenade
Trüffelabschnitte vom „gefüllten Trüffel" (siehe Punkt 2)
2 cl Madeira
2 cl roter Portwein
4 cl Trüffelfond
Salz, Pfeffer, Muskat

1. Das helle Mire-poix-Gemüse und die Schalotten in gleich große Stücke würfeln und in der Butter anrösten, mit Madeira und Portwein ablöschen, den Thymianzweig hinzugeben und mit Crème fraîche, Geflügelbrühe und Trüffelfond auffüllen. Danach würzen, um ein Drittel einkochen und die Gänsestopfleber mit einem Zauberstab nach und nach unterrühren, bis die Suppe eine sämige Konsistenz hat. Die Suppe durch ein feines Sieb passieren und die geschlagene Sahne vor dem Anrichten vorsichtig einrühren.

2. Die Trüffel mit einem kleinen Messer fein schälen und die Schalen für die spätere Trüffeltapenade aufbewahren. Die Trüffel halbieren und jede Hälfte mit einem Kugelausstecher mittlerer Größe aushöhlen. Das Innere des Trüffels wird aufgehoben. Die Hohlkammer mit einem passgenauen Stück Gänsestopfleber ausfüllen und beide Trüffelhälften zusammendrücken. Die dünnen Speckscheiben werden so um den Trüffel gewickelt, dass keine schwarze Stelle des Trüffels mehr zu sehen ist. Den Speck in einer Bratpfanne mit etwas Butter bei mittlerer Hitze leicht anrösten.

3. Den Knollensellerie und die Schalotten putzen und schälen und in gleich große Stücke schneiden. Mit der Butter glasig braten, mit Zucker karamellisieren und mit Himbeeressig ablöschen. Mit der Gemüsebrühe auffüllen und den Sellerie darin weich kochen. Wenn der Sellerie weich und die Brühe eingekocht ist, zusammen in einer Küchenmaschine zu einem feinen, homogenen Püree mixen. Nach Geschmack salzen.

4. Den Madeira, den Portwein und den Trüffelfond aufkochen, mit den Trüffelabschnitten in einer Küchenmaschine fein mixen und mit Salz, Pfeffer und Muskat abschmecken.

5. Die Suppe in einen Suppenteller oder eine Glastasse gießen. Der Trüffel wird halbiert und mit dem Selleriepüree und der Trüffeltapenade zusammen auf einem flachen Teller angerichtet.

Geschäumtes Rote-Bete-Süppchen

mit Kartoffel-Röstzwiebel-Püree, Imperial-Kaviar und Crème fraîche

Für 4 Personen
muss 90 Minuten köcheln

2 dicke Rote Bete
2 mehlig kochende Kartoffeln
4 Schalotten
1 Karotte
1 Stange Lauch (nur das Weiße)
2 Knoblauchzehen
1 Apfel
2 Stangen Staudensellerie
20 ml kalt gepresstes Olivenöl
30 ml trockener Weißwein
1 Zweig Thymian
1 Zweig Estragon
Salz, Pfeffer, Muskat
300 ml Geflügelbrühe
100 ml Sahne
2 EL Crème fraîche
50 g geschlagene Sahne

Kartoffel-Röstzwiebel-Püree
3 mehlig kochende Kartoffeln
4 Schalotten
20 g kalte, in Würfel geschnittene Butter
30 ml kalt gepresstes Olivenöl
20 g fein geschnittener Schnittlauch
Salz, Pfeffer, Muskat

60 g Imperial-Kaviar
4 EL Limonen-Crème fraîche (Zubereitung S. 49)

1. Das Gemüse und den Apfel putzen, schälen und wenn vorhanden, vom Kerngehäuse befeien. Alles in gleich große Stücke schneiden und in dem Olivenöl anrösten. Mit Weißwein ablöschen, die Kräuter und Gewürze hinzugeben, mit Brühe und Sahne auffüllen und bei schwacher Hitze 90 Minuten leicht köcheln. Nach dem Kochvorgang die Crème fraîche in die Suppe geben und mit einem Zauberstab pürieren. Durch ein feines Haarsieb passieren, nochmals mit den Gewürzen abschmecken und die geschlagene Sahne kurz vor dem Anrichten mit einem Zauberstab luftig unter die Suppe mixen.

2. Die Kartoffeln schälen, klein schneiden, in einem Topf mit leicht gesalzenem Wasser bedecken und weich kochen. Währenddessen die Schalotten in feine Würfel schneiden und mit dem Olivenöl in einem Stieltopf bis zu einer gelbbraunen Röstfarbe anrösten. Wenn dieser Punkt erreicht ist, die Zwiebeln durch ein feines Haarsieb vom Olivenöl trennen und auf einem Küchenpapier auskühlen lassen. Die gekochten Kartoffeln durch eine Kartoffelpresse drücken, mit den kalten Butterwürfeln verrühren, die Röstzwiebeln und den Schnittlauch mit einem Gummischaber unterrühren. Mit Salz, Pfeffer und Muskat abschmecken.

3. Eine mit dem Esslöffel ausgestochene Nocke Kartoffel-Röstzwiebel-Püree mittig in einen Suppenteller setzen, obenauf eine weitere Nocke von 15 g Imperial-Kaviar geben. Auf einem separaten Löffel etwas Limonen-Crème fraîche zum geschmacklichen Abrunden des Kaviars reichen.

Anmerkung

Imperial ist die Bezeichnung für eine bestimmte Qualität des Ossietra Kaviars. Man unterscheidet hier im Handel zwischen den Rogen des sehr jungen Ossietra-Störs, die sehr dunkel sind und daher Royal Black Kaviar genannt werden und den eher hell- oder goldbraun schimmernden Perlen, die als Imperial-Kaviar bezeichnet werden.

Krustentier-Safran-Süppchen

mit kleiner Fischpaella, geröstetem Weißbrot und Aioli

Für 4 Personen

500 g Hummerkarkasse
200 g Mire poix (Möhren, Lauch, Zwiebeln, Fenchel, Staudensellerie)
20 ml Cognac
200 ml Noilly Prat
30 ml Pernod
500 ml Geflügelbrühe
5 reife, klein geschnittene Tomaten
3 Knoblauchzehen
1 Zweig Thymian
3 Zweige Estragon
5 g Kümmel
3 g Safranfäden
Salz, Pfeffer
500 ml Sahne
2 EL Crème fraîche
50 g geschlagene Sahne

Safran-Aioli
1 g Safran
2 EL trockener Weißwein
5 Eigelbe
5 g mittelscharfer Senf
300 ml Sonnenblumenöl
Salz, Pfeffer
geröstetes Weißbrot

Krustentierpaella
1 Schalotte
15 ml kalt gepresstes Olivenöl
70 g Basmatireis
30 ml trockener Weißwein
1 Löffel Crème fraîche

4 Trockentomaten
Kräuter nach Geschmack
Gewürzsalz

1. Die Karkassen klein hacken und mit dem Mire-poix-Gemüse bei 160 °C im Backofen 45 Minuten lang rösten. Aus dem Backofen nehmen und bei mittlerer Hitze auf den Herd stellen. Mit dem Cognac, dem Pernod und dem Noilly Prat ablöschen und mit der Geflügelbrühe auffüllen. Die Tomaten, den Knoblauch und die Kräuter dazugeben. Mit den Gewürzen verfeinern und 30 Minuten köcheln lassen. Danach zusammen mit der Sahne und der Crème fraîche abermals aufkochen und durch ein feines Haarsieb passieren. Von diesem so genannten Hummerbisque 150 ml für später aufbewahren. Kurz vor dem Servieren die geschlagene Sahne mit einem Zauberstab unterquirlen.

2. Den Safran im Weißwein ¼ Stunde einweichen. Das Eigelb mit dem Weißwein und dem Senf mischen und das Sonnenblumenöl unter ständigem Rühren langsam einrühren. Mit Salz und Pfeffer abschmecken und in einem luftdichten Gefäß im Kühlschrank aufbewahren. Geröstetes Weißbrot dazureichen.

3. Für die Krustentierpaella die Schalotte in feine Würfel schneiden und mit Olivenöl glasig anbraten. Den Basmatireis dazugeben, mit dem Weißwein ablöschen und mit der aufbewahrten Hummerbisque auffüllen. Bei schwacher Hitze köcheln lassen. Erst wenn der Reis weich gegart ist, die Crème fraîche unterrühren und in vier gebutterte Portionsformen einfüllen. Den Reis bis zum Anrichten warm stellen und später auf einem kleinen separaten Beilagenteller anrichten.

4. Die Safran-Aioli in ein kleines Schälchen füllen und mit den gerösteten Brotcrostini anrichten. Die auf einen Beilagenteller angerichtete Paella mit einer halbierten Trockentomate und frischen Kräutern ausgarnieren. Die Suppe mit etwas fein gemahlenem Gewürzsalz vollenden und servieren.

Scharfes Currysüppchen

mit Zuckererbsenschaum und gebratenem Erbsenbrot

Für 4 Personen

Currysüppchen
½ Babyananas
½ Banane
½ Apfel (Granny Smith)
2 Schalotten
½ Stange Lauch (nur das Weiße)
1 Staudensellerie
2 Stangen Zitronengras
1 EL Palmzucker (siehe S. 39)
1 EL Madras-Currypulver
30 ml Pfirsichsaft
50 ml trockener Weißwein
200 ml heller Geflügelfond
100 ml Sahne
1 EL Crème fraîche
30 g Butter
Salz
2 N_2O-Patronen*

Zuckerschotenschaum
muss eine Stunde kühlen
100 g Zuckerschoten
100 g Zuckererbsen
1 Schalotte
20 g Butter
100 ml Sahne
50 g Crème fraîche
5 Minzeblätter
2 cl Minzelikör
Salz, Pfeffer, Muskat

Gebratenes Erbsenbrot
100 g weich gekochte Erbsen
100 ml Eigelb
20 g Butter
2 dicke Scheiben Weißbrot
Salz, Pfeffer

1. Das Obst und das Gemüse putzen, schälen und in gleich große Stücke schneiden. Mit der Butter in einen Topf geben, leicht anrösten, mit dem Palmzucker karamellisieren und mit dem Currypulver bestäuben. Mit dem Weißwein, dem Pfirsichsaft, dem Geflügelfond und der Sahne auffüllen und etwa 15 Minuten bei schwacher Hitze köcheln lassen. Die Suppe mit einem Zauberstab pürieren und durch ein feines Haarsieb passieren. Die Crème fraîche in die noch heiße Cremesuppe einrühren und wenn nötig mit etwas Salz abschmecken.

2. Die Zuckerschoten, die Zuckererbsen und die Schalotte putzen und mit der Butter in einem Stieltopf weich garen. Mit der Sahne, der Crème fraîche, den Minzeblättern und dem Likör in einer Küchenmaschine mixen. Durch ein feines Haarsieb passieren, die gewonnene Flüssigkeit in einen ISI-Bläser* abfüllen. den Schäumstutzen aufdrehen und 2 Stück N_2O-Patronen in die Vorrichtung am Schäumstutzen hineindrehen. Den ISI-Bläser mit Inhalt 30 Sekunden schütteln und danach für 1 Stunde in den Kühlschrank stellen.

3. Die Erbsen fein pürieren, mit dem Eigelb zu einer Royal vermischen und mit Salz und Pfeffer würzen. Aus dem Weißbrot 4 gleiche 3 x 3 cm starke und 10 cm lange Rechtecke herausschneiden und für ca. 30 Minuten in der Erbsen-Royal tränken. Danach in geklärter Butter in einer Pfanne von allen Seiten je 1 Minute anbraten.

4. Das Erbsenbrot wird in zwei ungleiche Stücke gebrochen und mit ein paar geschwenkten Erbsen dekoriert auf den Teller gestellt. Die Suppe in eine Glastasse oder ein dickwandiges Glas füllen und den Erbsenschaum obenauf sprühen. Durch das Glas hindurch sind beide Schichten von Currysuppe und Erbsenschaum gut zu erkennen.

* Ein ISI-Bläser ist ein Sahne-Aufbereiter, mit dem die Suppe lockerer und luftiger als mit dem Rührgerät wird. Der Bläser wird mit N_2O-Patronen gefüllt. Ist im gut sortierten Handel erhältlich.

Fisch und Krustentiere

Filet vom Atlantik-Steinbutt
Gegrillte Langoustinos mit gefüllter Kartoffel
In Gewürzöl konfierter Heilbutt
Mit Chorizo bardierter Glattbutt
Mit Kalbszungen-Ragout gefüllte Calamari
Bardierte und gebratene Jakobsmuscheln

Filet vom Atlantik-Steinbutt

mit glacierten Weinbergschnecken auf gedünstetem Lauch mit milder Pernod-Soße

Für 4 Personen

Fisch
1 Filet bretonischer Steinbutt
à 600 g, am besten geangelt
Salz, Pfeffer
20 ml kalt gepresstes Olivenöl
30 g Butter
2 Thymianzweige, 1 Rosmarinzweig
1 Knoblauchzehe

Schnecken
24 Weinbergschnecken, frisch vom Feinkostladen oder vorgegart aus der Dose
2 Lorbeerblätter, 2 Nelken
1 Wacholderbeere
1 Knoblauchzehe, 1 Schalotte
1 Thymianzweig, 1 Rosmarinzweig

Kräuterbutter
15 g Schalotten, 15 g Knoblauch
1 Bund krause Petersilie
3 g Salz, 2 g Pfeffer
1 EL Pernod
1 EL Worchestersauce
1 EL Herbadox (klassische Würzsoße)
150 g Butter (Zimmertemperatur)

Kräuterbutter-Sauce
80 g Gemüsewürfel von Karotte, Sellerie, Lauch
1 EL kalt gepresstes Olivenöl
10 ml Pernod
50 ml Geflügelfond
30 g Kräuterbutter
20 g geschnittener Schnittlauch
2 EL geschlagene Sahne oder Crème fraîche
Salz, Pfeffer

Lauch
2 Stangen Lauch
40 g Butter
80 ml Gemüsebrühe
Salz, Pfeffer

1. Den Steinbutt in vier gleich große Portionen à 150 g schneiden. Mit Salz und Pfeffer würzen und bei leichter Hitze in der Pfanne mit Olivenöl und Butter auf jeder Seite 30 Sekunden lang anrösten. Danach den Thymian, den Rosmarin und den Knoblauch hinzugeben und nochmals für etwa 3 Minuten pro Seite fertig garen.

2. Die Schnecken in kochendem Wasser 3 Minuten blanchieren, herausnehmen und die Innereien mit einem kleinen Messer abschneiden. Die ausgenommenen Schnecken zusammen mit den Gewürzen wieder in das Blanchierwasser geben und so lange auf kleiner Hitze köcheln, bis eine Fleischgabel leicht durch die Schnecke zu drücken ist. Wenn die Schnecken gar sind, im eigenen Fond abkühlen lassen.

3. Die Schalotten und den Knoblauch putzen und schälen. Die Petersilie zupfen und mit kaltem Wasser waschen. Alle Zutaten in einer Küchenmaschine fein pürieren, unter die weiche Butter rühren und abgedeckt im Kühlschrank kalt stellen.

4. Für die Kräuterbutter-Soße die gegarten Schnecken aus dem Fond nehmen und mit den rohen Gemüsewürfeln bei leichter Hitze zusammen mit dem Olivenöl anschwenken. Mit Pernod ablöschen und mit Geflügelfond auffüllen. Die Kräuterbutter nach und nach unter ständigem Rühren dazugeben, so dass eine cremige Kräutersoße entsteht. Den Schnittlauch unterrühren und die geschlagene Sahne vorsichtig unterheben. Bei Bedarf mit Salz und Pfeffer abschmecken.

5. Lauch putzen, die äußere Schicht entfernen und in 1 cm dicke Scheiben schneiden. Die Scheiben mit Butter und Gemüsebrühe in einer Pfanne gar dünsten, mit Salz und Pfeffer abschmecken.

6. Die Lauchringe aneinandergereiht auf einen Teller geben und den Steinbutt obenauf legen. Den Fisch mit der Kräutersauce überziehen und die Schnecken obenauf setzen. Dazu passen kleine Kartoffeln, zum Beispiel „La Ratte“ aus Frankreich oder Bamberger Hörnchen. Beide Sorten sind im gut sortierten Gemüsehandel erhältlich.

Gegrillte Langoustinos mit gefüllter Kartoffel

mit Imperial-Kaviar und Limonen-Crème fraîche

1. Den Schwanz des Langoustinos durch eine leichte Drehbewegung vom vorderen Panzerteil trennen. Danach jedes Panzersegment nacheinander aufbrechen, vom Körper lösen und herunterziehen. Das letzte gefächerte Schwanzstück am Schwanz belassen, damit es beim Anrichten aufgestellt werden kann. In das hintere Ende des Schwanzes mit einem Messer eine kleine Tasche schneiden und mit einer Pinzette den Darm durch diese Öffnung herausziehen. Die Langoustine mit Kräutern und Knoblauch bei schwacher Hitze in Olivenöl anbraten. Erst in der Pfanne mit etwas feinem Meersalz würzen. Von jeder Seite etwa 2 Minuten leicht anbraten.

2. Die vier fest kochenden Kartoffeln schälen und zu einer ovalen, 8 cm langen und 3 cm breiten schiffartigen Form zurechtschneiden. Danach mit einem Kugelausstecher größtmöglich aushöhlen. Die Kartoffeln mit kaltem Wasser bedecken, etwas salzen und bei schwacher Hitze garen, damit sie nicht zerfallen. Die Kartoffeln später mit dem Püree füllen.

3. Die vier mehlig kochenden Kartoffeln waschen, schälen, in gleich große Stücke schneiden und in leicht gesalzenem Wasser weich kochen. Durch eine Kartoffelpresse drücken und mit Sahne, Butter, Crème fraîche und Schnittlauch verrühren. Mit Salz und Muskatnuss abschmecken und das fertige Püree in einen Spritzbeutel füllen. Die Spitze des Spritzbeutels kappen und das Püree in die Vertiefung der Kartoffelschiffchen spritzen.

4. Die Crème fraîche vorsichtig mit Limonensaft und Abrieb von der Limone verrühren und mit Salz, Sansho-Pfeffer und Cayenne-Pfeffer abschmecken. Die fertige Creme in einen Spritzbeutel füllen und bis zum weiteren Gebrauch kühl lagern.

5. Den gegarten Langoustine aufrecht mit dem gespreizten Schwanzende auf den Teller setzen, die gefüllte Kartoffel neben den Langoustine stellen und mit der Crème fraîche großzügig nappieren. Pro Person ca. 15 g Kaviar obenauf setzen. Als Garnitur noch etwas Kresse oder Schnittlauch hinzufügen.

Für 4 Personen

Langoustinos
4 Langoustinos à 120 g
20 ml kalt gepresstes Olivenöl
1 Thymianzweig
1 Rosmarinzweig
1 Knoblauchzehe
feines Meersalz

Gefüllte Kartoffel
4 mittelgroße, fest kochende Kartoffeln
4 mittelgroße, mehlig kochende Kartoffen
30 ml Sahne
20 g Butter
1 TL Crème fraîche
20 g geschnittener Schnittlauch
Salz, Muskat

Limonen-Crème fraîche
100 g Crème fraîche
Abrieb von ½ Limone, Limonensaft
Salz, Sansho-Pfeffer,
Cayenne-Pfeffer

60 g Imperial-Kaviar

In Gewürzöl konfierter Heilbutt

mit sautiertem Gemüse, Kartoffelmousseline und reduzierter Portweinsauce

Für 4 Personen

Konfierter Heilbutt
1 Limone, 1 Orange
2 l kalt gepresstes Olivenöl
20 g Kardamomkapseln
1 Vanillestange (längs halbiert)
10 g Szechuan-Pfeffer
1 g Sansho-Pfeffer
3 Anissterne, 1 Zimtstange
5 g Koriandersamen
4 Korianderzweige
1 Thymianzweig, ½ Zweig Rosmarin

2 Heilbuttfilets à 140–160 g

Gemüse
1 Karotte, 1 rote Paprika
1 Kohlrabi, 1 Salatgurke
40 g Butter
80 ml Gemüsebrühe
Salz, Pfeffer

Selleriepüree
150 g geschälter und gewürfelter Sellerie, 1 Schalotte
30 g Butter
10 ml Himbeeressig
100 ml Sahne
Salz, Pfeffer, Muskat

Kartoffelmousseline
200 g Kartoffel (mehlig kochende Sorte)
20 ml Olivenöl
80 ml steif geschlagene Sahne
Salz, Muskat
40 g kalte Butter
30 g geschnittener Schnittlauch

Reduzierter Portwein
½ l roter Portwein
20 g kalte Butter
5 g Kristallzucker

Frische Kräuter wie z.B. Kresse oder Blüten

1. Limone und Orange in Scheiben schneiden. Alle Zutaten mit dem Olivenöl vermischen und bei leichter Hitze ca. 2 Stunden ziehen lassen, dann das Öl passieren. Den Fisch zum Konfieren mit Meersalz würzen und bei 65 °C in dem Öl ca. 8 Minuten garen.

2. Das Gemüse schälen und mit dem Gurkenhobel in dünne lange Scheiben schneiden (ca. 10 cm x 2 cm x 2 mm). Die vier Gemüsearten mit jeweils 10 g Butter andünsten und mit 20 ml Gemüsebrühe ablöschen; dann ca. 2 Minuten dünsten und mit Salz und Pfeffer würzen. Mit dem Kochfond auf einen Teller gießen und im Kühlschrank auskühlen lassen. Im kalten Zustand von den Gemüsestreifen Röllchen drehen. Je 9 Röllchen in eine quadratische Form einsetzen, auf einen gebutterten Teller stellen und mit Klarsichtfolie überziehen.

3. Sellerie und Schalotte in der Butter glasig anschwitzen, mit Essig ablöschen, würzen, mit der Sahne auffüllen und mit Deckel bei schwacher Hitze garen. Fein pürieren, in einen Topf umfüllen und mit Klarsichtfolie überziehen, damit das Püree nicht antrocknet.

4. Die Kartoffeln in Salzwasser abkochen, dann ausdampfen lassen und durch eine Kartoffelpresse geben. Mit etwas Olivenöl und geschlagener Sahne mischen und mit Salz und Muskat würzen. Dann die kalte Butter unterheben. Zum Anrichten Schnittlauch verwenden.

5. Portwein mit Zucker mischen und bei schwacher Hitze um ca. ¾ der ursprünglichen Menge reduzieren, auf etwa 125 ml. Die kalte Butter einrühren, so dass eine leicht cremige Konsistenz entsteht. Danach die Masse am besten in eine Plastikspritzflasche oder in einen kleinen Topf geben und mit Folie überziehen. So bildet sich keine Haut auf der Reduktion.

6. Das Fischfilet aus dem Öl nehmen und mit einem Tuch etwas abtupfen. Das Filet mit dem Selleriepüree bestreichen, die aufgewärmten Gemüseröllchen vorsichtig auf den Fisch setzen und etwas andrücken. Das Kartoffelmousseline mit einem Ring in der Mitte des Tellers anrichten, etwas reduzierten Portwein dazugießen, den Fisch darauf setzen und mit Kräutern garnieren.

Mit Chorizo bardierter Glattbutt

mit Selleriepüree und Spinatnudeln und Frankfurter Kräuter-„Salsa"

Für 4 Personen

Glattbutt
600 g schieres Glattbuttfilet
60 g gezupfte Wildkräuter
8 Scheiben, der Länge nach aufgeschnittener Chorizo*
20 g Butter

Selleriepüree
100 g Knollensellerie
3 Schalotten
20 g Butter
Zucker
10 ml Himbeeressig
50 ml Gemüsebrühe

Grüne Spinatnudeln
30 g Spinat
150 g Mehl, Typ 405
20 g Weichweizengrieß
3 g Salz
1 EL kalt gepresstes Olivenöl
1 Ei der Güteklasse A
etwas Butter

Frankfurter Kräuter-„Salsa"
150 g gezupfte Frankfurter Kräuter
50 g geröstete Pinienkerne
20 g geriebener Parmesan
1 EL dunkler Balsamicoessig
Salz, Pfeffer
100 ml Olivenöl

* pikante spanische Wurst

1. Das Filet in vier gleich große Stücke à 150 g schneiden. Die portionierten Stücke der Länge nach aufschneiden und jeweils mit 15 g Wildkräutern belegen. Das abgetrennte Filet wieder obenauf setzen und mit den Chorizoscheiben straff umwickeln, so dass beim Anbraten die Kräuter nicht herausfallen. Die eingepackten Filets von jeder Seite etwa 5 Minuten bei mittlerer Hitze in Butter anbraten und der Länge nach einmal anschneiden, so dass die einzelnen Schichten gut zu erkennen sind.

2. Den Knollensellerie und die Schalotten putzen, schälen und in gleich große Stücke schneiden. Mit der Butter glasig braten, mit Zucker karamellisieren und mit Himbeeressig ablöschen. Mit der Gemüsebrühe auffüllen und den Sellerie darin weich kochen. Wenn der Sellerie weich und die Brühe eingekocht ist, in einer Küchenmaschine zu einem feinen, homogenen Püree mixen.

3. Den Spinat mit etwas kaltem Wasser mit einer Küchenmaschine fein pürieren und durch ein Tuch auspressen. Den übrigen Spinatbrei mit dem Mehl, dem Grieß, etwas Salz, dem Olivenöl und dem Ei verkneten. In Klarsichtfolie einschlagen und für 1 Stunde im Kühlschrank ruhen lassen.

4. Den Teig nach dem Entspannen mit einer Nudelmaschine ausrollen und mit einem Spaghettiniaufsatz feine Nudeln herstellen. Mit etwas Mehl bestäuben, so dass die Nudeln nicht aneinanderkleben. In kochendem, leicht gesalzenem Wasser für ca. 3 Minuten köcheln, herausnehmen und in etwas Butter anschwenken. Mit einer Fleischgabel 4 gleich große Rollen drehen.

5. Die Kräuter mit den Pinienkernen, dem Parmesan, dem Balsamicoessig, etwas Salz und Pfeffer in einen Mixer geben, das Olivenöl langsam hinzugeben und zu einer sämigen Soße aufmixen und emulgieren.

6. Den gebratenen und aufgeschnittenen Glattbutt neben einen Strich Selleriepüree setzen. Die grüne Spinat-Nudelrolle anlegen und mit der Frankfurter Kräuter-„Salsa" beträufeln.

Mit Kalbszungen-Ragout gefüllte Calamari

auf zweifarbiger Polenta, mit Selleriepüree und jungen Pfifferlingen

Für 4 Personen

4 Calamari à 60–80 g

Kalbszungenragout
1 Kalbszunge
50 ml Weißwein
1 Suppengrün (Karotte, Sellerie, Lauch, gespickte Zwiebel)
Salz, Pfefferkörner
Wacholderbeeren
1 Thymianzweig, 1 Rosmarinzweig
2 Petersilienzweige

Geflügelfarce
100 g schiere Poulardenbrust
100 ml Sahne
Salz, Cayenne-Pfeffer

Füllung
20 g gehackter Kerbel
20 g geröstete Pinienkerne
60 g gegarte, bunte Gemüsewürfel
Salz, Pfeffer

Selleriepüree
100 g Knollensellerie
3 Schalotten
20 g Butter
Zucker
10 ml Himbeeressig
50 ml Gemüsebrühe

Pfifferlinge
120 g Pfifferlinge
3 fein gewürfelte Schalotten
1 fein gewürfelte Knoblauchzehe
1 EL gehackter Thymian, Rosmarin
20 ml Madeira
10 ml roter Portwein
10 ml Olivenöl
20 g Butter

(Weitere Zutaten auf der folgenden Seite)

1. Die Calamari unter fließendem Wasser abspülen, von der Haut befreien und die Innereien aus der Calamari-Tube spülen. Ein Knorpelblättchen, das zur Stabilität des Calamari beiträgt, muss von der Öffnung herausgezogen werden.

2. Die Kalbszunge unter fließendem, kaltem Wasser abwaschen, in einem Topf mit Weißwein übergießen und mit kaltem Wasser bedecken. Das Suppengrün, das Salz, den Pfeffer, die Wacholderbeeren, den Thymian, den Rosmarin und die Petersilie mit dazugeben und bei schwacher Hitze leicht köcheln. Die Zunge ist fertig gegart, wenn die Zungenspitze mit einer Fleischgabel leicht einzustechen ist. Die Kalbszunge herausnehmen und mit einem angefeuchteten Tuch abgedeckt auskühlen lassen. Ist sie erkaltet, die Zungenhaut mit einem kleinen Messer abziehen und die Zunge in 0,5 x 0,5 cm große Würfel schneiden.

3. Die Poulardenbrust in kleine Würfel schneiden und mit Sahne mischen. In einer Küchenmaschine mit Salz und Cayenne-Pfeffer zu einer homogenen Farce mixen. Diese Farce dient später als Bindemittel zwischen Kalbszungenragout und den Calamari.

4. Alle Zutaten vermengen und mit Salz und Pfeffer abschmecken. Die Füllung in die Calamari satt einfüllen und die Öffnung so mit einem Zahnstocher verschließen, dass beim Garen nichts herausfallen kann.

5. Den Knollensellerie und die Schalotten putzen und schälen und in gleich große Stücke schneiden. Mit der Butter glasig braten, mit Zucker karamellisieren und mit Himbeeressig ablöschen. Mit der Gemüsebrühe auffüllen und den Sellerie darin weich kochen. Wenn der Sellerie weich und die Brühe eingekocht ist, in einer Küchenmaschine zu einem feinen, homogenen Püree mixen.

6. Die Pfifferlinge putzen und in Olivenöl mit den Schalotten und dem Knoblauch anrösten. Mit Madeira und rotem Portwein ablöschen, den Thymian und den Rosmarin dazugeben. Den Fond etwas einkochen und mit kalter Butter emulgieren.

Mit Kalbszungen-Ragout gefüllte Calamari

7. Die Gemüsewürfel und die grob geschnittenen Schalotten zusammen mit den Kalbsknochen in der heißen Butter anschwitzen. Mit Rotwein und Kalbsfond aufgießen, Pfeffer, Thymian und Rosmarin dazugeben und die Flüssigkeit um die Hälfte reduzieren. Durch ein feines Haarsieb passieren und nochmals um die Hälfte reduzieren. Durch den hohen Anteil an Schalotten bekommt die Soße eine Eigenbindung. Mit etwas Salz abschmecken.

8. Den Polentagrieß jeweils in den Weißwein, gemischt mit Geflügelbrühe und Tintenfischfarbe für die schwarze Polenta oder Safran für die gelbe Polenta einrühren. Mit Salz und Pfeffer abschmecken. Ist die Polenta weich gekocht, den geriebenen Parmesan unterrühren. Beide Polenta-Variationen getrennt voneinander in eine mit Folie ausgelegte Kastenform füllen und abgedeckt für 2 Stunden in den Kühlschrank stellen. Im erkalteten und festen Zustand die Polente in jeweils gleich dicke und lange Streifen schneiden, die Streifen schachbrettartig zusammensetzen und mit Klarsichtfolie einschlagen. Nochmals für 1 Stunde kühlen. Danach auspacken und 1,5 cm dicke Scheiben zweifarbiger Polenta herausschneiden. Zum Aufwärmen auf einen Teller legen, mit Folie überziehen und für 10 Minuten in einen auf 60 °C vorgeheizten Backofen stellen.

9. Die gefüllten Calamari mit dem Olivenöl in einer Bratpfanne für 10 Minuten anbraten und dabei mehrmals wenden. Die zweifarbige Polenta mittig auf den Teller legen und mit etwas Selleriepüree überziehen. Die fertig gegarten Calamari auf dem Sockel von Selleriepüree fixieren, mit den glasierten Pfifferlingen umlegen und mit der Kalbsjus vollenden.

Kalbsjus
80 g grobe Gemüsewürfel (Karotte, Sellerie, Lauch)
100 g grob geschnittene Schalotten
100 g Kalbsknochen
10 g Butter
100 ml trockener Rotwein
1 l Kalbsfond
Pfefferkörner
1 Thymianzweig
1 Rosmarinzweig
Salz

Gelbe Polenta
50 g Polentagrieß
100 ml Geflügelbrühe
30 ml trockener Weißwein
1 g Safran
20 g geriebener Parmesan
Salz, Pfeffer

Schwarze Polenta
50 g Polentagrieß
100 ml Geflügelbrühe
30 ml trockener Weißwein
4 g schwarze Tintenfischfarbe (erhältlich im thailändischen Fachhandel)
20 g geriebener Parmesan
Salz, Pfeffer

20 ml kalt gepresstes Olivenöl

Bardierte und gebratene Jakobsmuscheln

mit Erbsencreme und geliertem Räuchersud

Für 4 Personen

Jakobsmuschel
8 bretonische Jakobsmuscheln
Salz, Pfeffer
8 Scheiben Speck
20 ml Olivenöl
1 Thymianzweig
1 Rosmarinzweig
2 zerdrückte Knoblauchzehen

Gemüsewürfel und Zuckerschoten
½ Karotte
½ Kohlrabi
¼ Sellerie
¼ Stange Lauch
20 ml Olivenöl
100 g Zuckerschoten
20 Halme Schnittlauch

4 dünne Scheiben Speck

Räuchersud
200 ml Fischfond
30 g Speck
3 g Räuchersatz (in einem gut sortierten Gewürzgeschäft)
50 ml trockener Weißwein
2 EL Pfeilwurzelmehl
Saft einer ½ Limette

Erbsencreme
2 Schalotten
½ Knoblauchzehe
30 g Butter
Salz, Pfeffer
100 g Erbsen
20 ml Geflügelbrühe
1 EL Sahne
1 EL Crème fraîche

1. Das Jakobsmuschelfleisch aus der Schale lösen und unter fließendem Wasser reinigen. Auf einem Küchentuch trocken tupfen. Die trockenen Muscheln mit Salz und Pfeffer würzen und jeweils mit der runden Seite in die dünnen Scheiben Speck wickeln. Die Jakobsmuscheln mit Olivenöl, Thymian, Rosmarin und Knoblauch zuerst auf der Speckseite anbraten. Bei mehrmaligem Drehen der Muscheln benötigen diese bei mittlerer Hitze etwa 6–8 Minuten.

2. Karotte, Kohlrabi, Sellerie und Lauch putzen, schälen und in 3 x 3 mm große gleichmäßige Würfel schneiden. Diese in einer Pfanne mit Olivenöl bei mittlerer Hitze gar rösten. Die geputzten Zuckerschoten in feine Streifen schneiden. Den Schnittlauch für 30 Sekunden in kochendem Wasser blanchieren und sofort in Eiswasser abschrecken. Mit dem nun elastischen Schnittlauch 8 gleich große Zuckerschotenbündchen binden. Diese in leicht gesalzenem Wasser blanchieren und dekorativ auf die gebratenen Jakobsmuscheln legen.

3. Die Speckscheiben auf eine Backmatte legen und bei geöffnetem Backofen bei 60 °C etwa 5 Stunden trocknen. Erst aus dem Ofen nehmen, wenn sie zum Anrichten benötigt werden, da sie ansonsten wieder weich würden.

4. Den Fischfond mit dem Speck, dem Räuchersatz, Weißwein und Limettensaft um die Hälfte reduzieren. Die Sauce mit dem angerührten Pfeilwurzelmehl nach und nach etwas andicken. Die gerösteten Gemüsewürfel kurz vor dem Anrichten des Gerichtes dazugeben.

5. Schalotten und Knoblauch putzen, in Butter glasig anbraten und würzen. Die Erbsen dazugeben und mit Geflügelbrühe, Sahne und Crème fraîche auffüllen, weich kochen, möglichst fein pürieren und dann das Püree durch ein feines Sieb streichen. Das Püree zum Fixieren der getrockneten Speckscheiben verwenden.

6. Die gebratene Jakobsmuschel auf den Teller legen, die Erbsencreme dekorativ verteilen, den Speckchip in der Erbsencreme fixieren. Die Jakobsmuschel mit der gelierten Räuchersoße nappieren.

Fleisch

Coquelet de Bresse in zwei Gängen serviert
Rückenfilet vom Spessart-Reh
In Barolo pochiertes Rinderfilet
Kalb aus der Corrèze

Coquelet de Bresse in zwei Gängen serviert

1. Gang: Rosa Brust in Buchenholzscheiten gebraten mit legiertem Kamillensud
2. Gang: Geschmorte Keule mit scharfen Currylinsen

Für 4 Personen

2 Stubenküken (vorzugsweise Coquelet de Bresse)

15 ml Olivenöl
4 Lorbeerblätter
Salz, Pfeffer
8 Stücke Buchenholzfurnier (10 x 5 x 0,5 cm)
1 m Bast

Marktgemüse
verschiedenes junges Marktgemüse nach Geschmack und Saison, z.B. Petersilienwurzel, Karotte, Kohlrabi, Brokkoli, Böhnchen
Butter
Salz, Pfeffer
Thymian, Rosmarin
Gemüsebrühe

Kamillensud
40 g weißer Lauch
30 g Staudensellerie
2 Schalotten
Butter
1/8 l trockener Weißwein
½ l heller Geflügelfond
Salz, weißer Pfeffer
3 g getrocknete Kamillenblüten

1. Gang: Rosa Brust in Buchenholzscheiten gebraten mit legiertem Kamillensud

1. Die Brüste und Keulen des Stubenkükens werden von den Knochen gelöst, so dass jeweils 2 Brüste und Keulen mit Haut für das Gericht verwendet werden.

2. Das unbehandelte Buchenholzfurnier gut mit Olivenöl einpinseln und vier der Holzstücke mit Lorbeerblättern belegen. Die Brüste mit Salz und Pfeffer würzen, mit der Fleischseite auf die Lorbeerblätter legen und mit den anderen Buchenholzscheiten bedecken. Diese „Buchenholz-Küken-Sandwiches" nun von beiden Seiten mit Bast so fixieren und binden, dass das Buchenholz beim Anbraten nicht abfällt. Das Buchenholz-Küken-Sandwich auf jeder Seite ca. 3 bis 4 Minuten bei mittlerer Hitze anbraten. Damit sich das volle Aroma des Buchenholzes entfaltet, kann man mit einem Bunsenbrenner etwa 10 Sekunden lang die Holzstücke „anbrennen". Die glimmende Flamme mit einem Tuch ersticken, das Buchenholz entfernen und die Brust in Tranchen aufschneiden.

3. Das Marktgemüse putzen, schälen und in mundgerechte Stücke schneiden. Danach mit etwas Butter, Salz, Pfeffer, Thymian und Rosmarin anrösten, mit Gemüsebrühe ablöschen und darin garen.

4. Den Lauch, den Staudensellerie und die Schalotten putzen und klein schneiden. In einem Topf in heißer Butter andünsten, mit Weißwein ablöschen und mit Geflügelfond auffüllen. Für ca. 20 Minuten bei schwacher Hitze köcheln und danach durch ein feines Haarsieb passieren. Die Sauce mit Salz und Pfeffer würzen und die Kamillenblüten etwa 10 Minuten darin ziehen lassen. Die Sauce vor dem Anrichten abermals durch ein feines Haarsieb passieren.

5. Das Marktgemüse mittig auf den Teller geben, die Brust daraufsetzen und mit Kamillensud angießen.

Coquelet de Bresse in zwei Gängen serviert

2. Gang: Geschmorte Keule mit scharfen Currylinsen

4 Stubenküken-Keulen
Salz, Pfeffer
15 ml Olivenöl
150 g Wurzelgemüse
50 ml trockener Rotwein
100 ml dunkler Jus
10–20 g Madras-Curry
15 g kalte Butter

Currylinsen
1 Scheibe Speck
2 fein gewürfelte Schalotten
20 g Butter
80 g Linsen
10 g Tomatenmark
10 g Mehl
10 g Madras-Currypulver
10 ml Balsamicoessig
250 ml Geflügelfond
feine Würfel von Gemüse:
1 Karotte
¼ Knollensellerie
1 Stange junger Lauch

1. Die Keulen mit Salz und Pfeffer würzen und in einer Pfanne mit dem Olivenöl anbraten. Die Keulen aus der Pfanne nehmen und darin das geputzte und klein geschnittene Wurzelgemüse anrösten, mit dem Rotwein ablöschen, einmal kräftig aufkochen, mit der Grundsauce aufgießen und das Madras-Currypulver unterrühren. Nun die Keulen wieder in die Pfanne legen und für ca. 15 Minuten in den auf 180 °C vorgeheizten Backofen schieben. Die gegarten Keulen bis zum Anrichten in Alufolie einschlagen und warm halten. Den restlichen Schmoransatz durch ein feines Haarsieb passieren und die dabei gewonnene Sauce um ca. die Hälfte reduzieren. Beim Einköcheln die Sauce mit kalter Butter unter ständigem Rühren emulgieren.

2. Den Speck und die feinen Schalottenwürfel in einem Topf mit der Butter leicht anbräunen. Die trockenen Linsen darin schwenken, Tomatenmark dazugeben und mit Mehl und Currypulver bestäuben. Danach die Linsen mit dem Balsamicoessig ablöschen und den Geflügelfond dazugeben. Die Linsen müssen bei schwacher Hitze ca. 45 Minuten garen. Nach einer halben Stunde das fein gewürfelte Gemüse mitkochen, so dass es gleichzeitig mit den Linsen gar ist.

3. Die Currylinsen als Sockel mittig in einen tiefen Suppenteller geben und die Keule auf den Linsen platzieren. Anschließend mit Curryjus angießen.

Rückenfilet vom Spessart-Reh

im Lebkuchenmantel gebacken mit Rosenkohlblättern und Pfefferjus

Für 4 Personen

Szechuan-Pfefferjus
200 g Rehknochen
100 g Mire poix (Karotte, Sellerie, Lauch)
100 g Schalotten, 20 g Butter
50 ml Madeira
50 ml roter Portwein
50 ml trockener Rotwein
20 ml Preiselbeerfond
300 ml Rehfond
1 Lorbeerblatt
4 Wacholderbeeren
1 Thymianzweig, 1 Rosmarinzweig
10 g Szechuan-Pfeffer

Rehfleisch
600 g Rehrückenfilet
100 g Geflügelfarce
2 dicke Karotten
1 Sellerie
1 Honigkuchen „Pain d'Epice" in Kastenform*
Salz, Pfeffer

Glacierte Rosenkohlblätter
300 g Rosenkohl
30 g Butter
1 EL gehackter Kerbel
50 ml Geflügelbrühe
Salz, Pfeffer

Gänsestopfleber
4 Scheiben bratfähige Gänsestopfleber, 2 cm dick
Salz, Pfeffer
Kichererbsenmehl

* Das Pain d'Epice aus dem Elsass, die französische Variante des Honigkuchens, hat seine Heimat seit dem Jahr 1768 in dem kleinen Ort Gertwiller unweit der deutschen Grenze. Hierher kam 1768 der Nürnberger Karl Fortwenger und seitdem wird eine kaum zu überbietende Vielfalt des Gebäcks ganzjährig angeboten. Sogar ein Museum um den würzigen Kuchen und ein Fest an zwei Wochenenden im Winter lockt die Genießer aus aller Welt.

1. Die Knochen mit den klein geschnittenen Schalotten und dem Mire-poix-Gemüse in Butter anrösten. Mit dem Madeira, dem roten Portwein und dem Rotwein ablöschen. Mit dem Preiselbeerfond und dem Rehfond auffüllen, Gewürze hinzugeben und eine ¾ h leicht köcheln. Durch ein Haarsieb passieren und um die Hälfte einkochen. Durch die Schalotten erhält die Sauce eine Eigenbindung.

2. Die Karotten und den Sellerie schälen und in 5 cm lange und 4 x 4 mm starke Stifte schneiden. Diese in leicht gesalzenem, Wasser abkochen. Sobald sie weich gegart sind, in Eiswasser abschrecken. Den Honigkuchen der Länge nach auf 2 mm Stärke aufschneiden. Davon Rechtecke (5 cm breit x 15 cm lang) schneiden. Diese Honigkuchenscheiben dünn mit Geflügelfarce einstreichen. Die Gemüsestifte auf einem Küchenpapier trocknen und abwechselnd aneinander auf die Honigkuchenscheiben legen. Nochmals dünn mit der Geflügelfarce bestreichen und mit dem Reh, das mit Salz und Pfeffer gewürzt wurde, vorsichtig einrollen. Die Rollen in gebutterte Aluminiumfolie stramm einrollen.

3. Zum Garen in siedendem Wasser ca. 20 Minuten pochieren. Nach dem Garen das Filet noch ca. 10 Minuten an einer warmen Stelle (z.B. neben dem Herd) entspannen lassen. Zum Anrichten die Folie abrollen und an jedem Ende das Filet einmal sauber abschneiden.

4. Vom Rosenkohl die einzelnen Blattschichten ablösen. Diese in Butter anschwenken, mit der Geflügelbrühe ablöschen und mit Salz und Pfeffer abschmecken. Ist der Rosenkohl gegart, den gehackten Kerbel unterschwenken.

5. Die vier Scheiben Gänsestopfleber mit Salz und Pfeffer würzen, mit Kichererbsenmehl bestäuben und in einer Pfanne bei mittlerer Hitze ohne Fett auf jeder Seite für 3 Minuten leicht anbraten.

6. Zum Anrichten die Rehchartreuse auf den Rosenkohl legen, die gebratene Gänsestopfleber daneben platzieren und nach Geschmack mit einem kleinen gebratenen Medaillon und eingekochten Cranberries abrunden. Mit dem Szechuan-Pfefferjus angießen.

In Barolo pochiertes Rinderfilet

auf gebratenen Steinpilzen à la crème,
Kartoffel-Schnittlauch-Püree

Für 4 Personen

Rinderfilet und Barolosauce
600 g Rinderfilet (Mittelstück)
Salz, Pfeffer
20 ml Olivenöl
100 g Schalotten
100 g Staudensellerie
50 ml Madeira
200 ml Barolo
100 ml Kalbsfond
2 Thymianzweige
2 Rosmarinzweige
1 Knoblauchzehe
20 g kalte Butterwürfel

Gebratene Steinpilze
400 g Steinpilze
2 Schalotten
1 Knoblauchzehe
20 ml kalt gepresstes Olivenöl
1 EL gehackter Thymian und Rosmarin
20 g Butter
Salz, Pfeffer
50 ml geschlagene Sahne

Kartoffel-Schnittlauch-Püree
400 g mehlig kochende Kartoffeln, geschält, gekocht
100 ml Milch
Salz, Muskatnuss
20 g Schnittlauch
45 g Butter

1. Das Rinderfilet in zwei gleich große Portionen à 300 g schneiden, mit Salz und Pfeffer würzen und in einer Pfanne mit Olivenöl von allen Seiten anbraten. Die Filets herausnehmen und die geputzten und klein geschnittenen Schalotten und dem Staudensellerie in derselben Pfanne anrösten. Mit dem Madeira, dem Barolo und dem Kalbsfond auffüllen und den Thymian, den Rosmarin und den Knoblauch dazugeben. Die Filets wieder zurück in den Soßen- und Pochierfond geben und für 30 Sekunden köcheln. Die beiden Filets jeweils separat in einen Vakuumbeutel geben, den Barolofond in gleicher Menge aufteilen und dazugeben. Die Vakuumbeutel zuschweißen und bei 68 °C für 90 Minuten in ein Wasserbad legen. Alternativ Gefrierbeutel mit möglichst wenig Luft verschließen. Den Vakuumbeutel danach aufschneiden und den Barolo in einem Stieltopf um die Hälfte einkochen. Die Soße mit kalten Butterwürfeln unter ständigem Rühren abbinden und emulgieren.

2. Die Steinpilze mit einem kleinen Küchenmesser sauber putzen und in mundgerechte Stücke teilen. Die Schalotten und den Knoblauch schälen und fein schneiden, mit dem Olivenöl und den Steinpilzen anbraten. Die Butter und die gehackten Kräuter dazugeben und mit Salz und Pfeffer würzen. Wenn die Steinpilze fertig gegart sind, vom Herd nehmen und die geschlagene Sahne vorsichtig unterheben.

3. Die heißen, gut ausgedämpften Kartoffeln durch eine Kartoffelpresse passieren, nach und nach die heiße Milch dazugeben und mit Salz und Muskatnuss abschmecken. Zum Schluss den fein geschnittenen Schnittlauch unterrühren.

4. Die Steinpilze in einen gebutterten Ring einfüllen, abziehen und obenauf das aufgeschnittene Rinderfilet legen. Das Kartoffel-Schnittlauch-Püree in kleinen Nocken seitlich platzieren und die Barolosauce angießen.

Kalb aus der Corrèze

Rosa gebratene Scheibe vom Kalbsrücken und geschmortes Stück aus der Schulter, Bohnengemüse und Madeira-Jus

Für 4 Personen
muss 24 Stunden garen

Kalbsrücken
600 g Kalbsrücken aus der Corrèze
Salz, Pfeffer
20 ml kalt gepresstes Olivenöl
1 Thymianzweig, 1 Rosmarinzweig
1 Knoblauchzehe

Madeira-Jus
200 g Kalbsknochen
100 g Schalotten
100 g Mire-poix (Karotten, Sellerie, Lauch)
20 ml Olivenöl
100 ml trockener Rotwein
50 ml Madeira, 500 ml Kalbsfond
1 Thymianzweig
1 Rosmarinzweig
1 Lorbeerblatt
1 Knoblauchzehe

Kalbsschulter geschmort
300 g Kalbsschulter
Salz, Pfeffer
20 g Olivenöl
100 g Mire poix (Sellerie, Karotte, Lauch)
100 g Schalotten
100 ml Rotwein
50 ml Trüffelfond
250 ml Kalbsfond
1 Thymianzweig, 1 Rosmarinzweig
1 Knoblauchzehe, 1 Lorbeerblatt

Bohnengemüse
120 g Buschbohnen oder Stangenbohnen
1 fein gewürfelte Schalotte
½ fein gewürfelte Knoblauchzehe
10 g Butter
50 ml Gemüsebrühe
Salz, Pfeffer
1 TL gehacktes Bohnenkraut
2 Strauchtomaten (als Tomatenfilets)

1. Den Kalbsrücken mit Salz und Pfeffer würzen und mit dem Olivenöl anbraten. Von beiden Seiten anbräunen, den Thymian, den Rosmarin und den Knoblauch beim Bratvorgang dazugeben. Im vorgeheizten Backofen bei 140 °C für 20 Minuten garen lassen. Herausnehmen, in Alufolie einschlagen und an einem warmen Platz (z.B. neben dem Herd) für 15 Minuten ruhen und entspannen lassen.

2. Kalbsknochen, Schalotten und Mire-poix-Gemüse in Olivenöl anrösten, mit Rotwein und Madeira ablöschen und mit dem Kalbsfond auffüllen. Thymian, Rosmarin, Lorbeerblatt und Knoblauch dazugeben und die Sauce bei leichter Hitze 1 Stunde köcheln lassen. Diese Grundsauce zum Auffüllen für die geschmorte Kalbsschulter verwenden.

3. Die Kalbsschulter mit Salz und Pfeffer würzen und zusammen in dem Olivenöl anbraten. Wenn die Schulter gebräunt ist, herausnehmen und das klein geschnittene Mire-poix-Gemüse und die Schalotten in der Pfanne anbraten. Mit Rotwein ablöschen und mit Trüffelfond und Kalbsfond auffüllen. Thymian, Rosmarin, Lorbeerblatt und Knoblauch dazugeben. Mit der Kalbsschulter zusammen für 10 Minuten köcheln. Die Kalbsschulter herausnehmen, in einen großen Vakuumierbeutel geben und mit der durch ein Haarsieb passierten Sauce auffüllen. Den Vakuumierbeutel zuschweißen und für 24 Stunden bei 62 °C in einem Wasserbad garen. Die Sauce nach dem Garen um drei Viertel einkochen.

4. Die Buschbohnen putzen, waschen und in gleich große Stücke schneiden. Die Schalotte und den Knoblauch in etwas Butter glasig anbraten. Die geschnittenen Bohnen dazugeben, mit der Gemüsebrühe auffüllen, mit dem Bohnenkraut, Salz und Pfeffer würzen. Wenn die Bohnen gegart sind, mit Tomatenwürfeln, die vorher aus den Tomatenfilets geschnitten wurden, verfeinern.

5. Das Bohnengemüse auf dem Teller verteilen. Den rosa gebratenen Kalbsrücken in Scheiben schneiden und auf die Bohnen legen. Die geschmorte Kalbsschulter ebenfalls in Scheiben schneiden und dazulegen. Mit der reduzierten Kalbsjus angießen.

Gemüse

Stangenspargel in Brotteig und gebraten
Konfiertes und gefülltes Gemüse
Variation von der Bohne mit Kräuterquark
Variation von Wetterauer Karotten
Variation von Zuckermais
Warme Tarte von gegrilltem Gemüse
Wetterauer Steinkartoffel im Kartoffelnest

Stangenspargel in Brotteig und gebraten

mit warmem Spargel-Tomaten-Salat, pochiertem Eigelb und getrüffelter Hollandaise

Für 4 Personen

Spargel-Kartoffelpüree
je 16 weiße, grüne Spargelstangen
100 g kaltes Kartoffelpüree
1 Eigelb
8 Toastbrotscheiben à 3 mm Stärke
20 g Butter
Salz, Pfeffer, Muskat
30 ml Gemüsebrühe

Pochiertes Ei
4 Eier, Güteklasse A
Wasser zum Pochieren der Eier
1 Schuss Essig

Trüffel-Hollandaise
100g Butter
2 Eigelbe
1 EL Weißwein
1 EL Trüffelessig
Salz
1 Spritzer Limettensaft
10 g in Madeira eingekochte Trüffelwürfel

Fleur de Sel

1. Je 8 weiße und grüne Spargelstangen schälen und in reichlich, leicht gesalzenem Wasser blanchieren. Wenn der Spargel noch einen leichten Biss hat, aus dem Wasser nehmen und in Eiswasser abschrecken. Auf einem Küchenpapier trocken legen. Das kalte Kartoffelpüree mit dem Eigelb verrühren. Die Toastbrotscheiben dünn mit der Kartoffelcreme bestreichen und die Spargelstangen so darin einrollen, dass die Spitzen aus dem gerollten Toast herausschauen. Die Spargelstangen unter Bewegung in einer Pfanne mit etwas Butter anbraten, bis sie rundherum goldgelb sind und das Toastbrot kross ist.

2. Die übrigen je 8 grünen und weißen Spargelstangen am hinteren Ende ca. 3 cm abschneiden, die weißen Spargel schälen und beide der Länge nach mit einem Spargelschäler in Streifen schneiden. Diese Streifen mit etwas Butter in einer Pfanne anbraten, mit etwas Gemüsebrühe auffüllen und mit Salz, Pfeffer und Muskat abschmecken.

3. Die Eier aufbrechen und einzeln in eine Soßenkelle geben. Die Soßenkelle langsam in das leicht siedende Essigwasser eintauchen und die Eier vorsichtig in das Wasser gleiten lassen. So wird die schöne pochierte Form des Eis gewährleistet. Die Garzeit bei siedendem Wasser beträgt ca. 5 Minuten. Nach dem Garen etwas abkühlen lassen und den größten Teil des Eiweißes vorsichtig abschneiden.

4. Die Butter bei schwacher Hitze in einem Topf zerlaufen lassen. Die Eigelbe mit Weißwein und Essig in einer Schüssel im heißen Wasserbad aufschlagen. Die zerlassene Butter einrühren und abermals im Wasserbad aufschlagen. Mit Salz, Zitronensaft und den Trüffelwürfeln mitsamt dem Madeirafond abschmecken. Auf dem warmen Wasserbad bis zum Gebrauch abgedeckt aufbewahren. Die Sauce Hollandaise in einem Porzellanschälchen separat zum Gericht reichen.

5. Die in Toastbrot eingewickelten und gebratenen Spargel auf einen Teller aneinanderlegen. Die Spargelstreifen mit einer zweizackigen Fleischgabel wie Nudeln aufrollen und auf dem Anrichteteller abstreifen, diese Spargelrolle dient als Nest für das Ei. In die Mitte der Spargelstreifen eine Kuhle gestalten, um dort das pochierte Eigelb hineinzulegen. Mit etwas Fleur de Sel bestreuen.

Konfiertes und gefülltes Gemüse

Minipaprika gefüllt mit Paprika-Vanille-Ragout, Navetten gefüllt mit Selleriepüree, Fingermöhren gefüllt mit Karottenpüree, Mini-Pattison gefüllt mit Kohlrabi, Radieschen gefüllt mit Rote-Bete-Creme, gelbe Pattison gefüllt mit Pilzragout, Zucchini gefüllt mit Ratatouille, Blumenkohl

Für 4 Personen

Minipaprika gefüllt mit Paprika-Vanille-Ragout

2 Minipaprika
20 g Butter
1 gelbe Paprika
1 rote Paprika
Mark einer ½ Vanilleschote
50 ml Gemüsebrühe
1 cl Noilly Prat
Salz, Pfeffer

Die Minipaprika mit Stiel halbieren. Kerngehäuse herausnehmen und die Paprika mit Butter und Gemüsebrühe garen. Für die Füllung die gelbe und rote Paprika schälen, halbieren, Kerngehäuse herausschneiden und in gleiche Würfel schneiden. Mit etwas Butter anschwenken, mit Noilly Prat ablöschen und mit Gemüsebrühe auffüllen. Das Mark aus der Vanilleschote unterrühren, mit Salz und Pfeffer abschmecken und so weit einkochen, bis keine Brühe mehr zu erkennen ist. Mit diesem Paprika-Ragout die halbierte Minipaprika füllen. Bis zum Gebrauch im Kühlschrank mit Klarsichtfolie abgedeckt kalt stellen.

Navetten gefüllt mit Selleriepüree

2 Navetten (auch Mairübchen)
100 g Knollensellerie
3 Stück Schalotten
20 g Butter
10 ml Himbeeressig
50 ml Gemüsebrühe
Salz, Zucker

Die Navetten putzen, halbieren und mit einem Kugelausstecher aushöhlen. Die halbierten, ausgehöhlten Navetten mit etwas Butter und Gemüsebrühe garen. Für das Selleriepüree den Knollensellerie und die Schalotten putzen und schälen und in gleiche Stücke schneiden. Mit der Butter glasig braten, mit Zucker karamellisieren und mit Himbeeressig ablöschen. Mit der Gemüsebrühe auffüllen, den Sellerie darin weich kochen und die Brühe einkochen. Alles zu einem feinen, homogenen Püree mixen. Das Selleriepüree mit Hilfe eines Spritzbeutels in den Hohlraum der halbierten Navetten füllen. Bis zum Gebrauch im Kühlschrank mit Klarsichtfolie abgedeckt kalt stellen.

Fingermöhren gefüllt mit Karottenpüree

2 dicke Fingermöhren
3 dicke Karotten
2 Schalotten
½ Knoblauchzehe
30 g Butter
1 TL Palmzucker
Mark einer ½ Vanillestange
20 ml Pernod
50 ml weißer Portwein
100 ml Gemüsebrühe

Fingermöhren schälen, halbieren und mit einem spitzen Messer eine Vertiefung in die flache Seite der halbierten Möhre schneiden. Für das Karottenpüree Karotten, Schalotten und Knoblauch putzen und in gleich große Stücke schneiden. Mit der Butter glasig anschwenken, mit Palmzucker und Vanillemark karamellisieren. Mit Pernod ablöschen und mit Portwein, Gemüsebrühe und Sahne auffüllen. Bei schwacher Hitze Karotten und Schalotten weichköcheln, aus dem Topf nehmen und die übriggebliebene Sahnesoße bis zu einer cremigen Konsistenz reduzieren. Beide Komponenten zu einem feinen Püree mixen, dabei die kalte Crème fraîche dazugeben. Das Karottenpüree mit einem Spritzbeutel in die Vertiefung der Karotte einspritzen. Bis zum Gebrauch im Kühlschrank mit Klarsichtfolie abgedeckt kalt stellen.

100 ml Sahne
1 EL Crème fraîche
Salz, Pfeffer

Mini Pattison gefüllt mit Kohlrabi

Die Pattison mit einem Kugelausstecher aushöhlen, mit etwas Butter und Brühe in einem Stieltopf garen. Die Kohlrabis schälen, 4 Kugeln mit dem Kugelausstecher ausstechen und mit Butter, Brühe und Safran garen. Beides mit Salz und Pfeffer abschmecken. Die durch den Safran eingefärbte Kohlrabikugel in das Loch der Pattison stecken, bis zum Gebrauch im Kühlschrank mit Klarsichtfolie abgedeckt kalt stellen.

4 grüne Pattison (Minikürbis)
50 ml Brühe
110 g Butter
1 Kohlrabi
1 g Safran
Salz, Pfeffer

Radieschen gefüllt mit Rote-Bete-Creme

Radieschen halbieren, mit einem Kugelausstecher aushöhlen und in etwas Butter gar ziehen lassen. Die Rote Bete auf ein Backblech mit Meersalz setzen und bei 180 °C für ca. 45 Minuten im vorgeheizten Backofen weich garen. Die Rote Bete herausnehmen, mit einem Messer schälen und pürieren. Die kalte Butter beim Pürieren einmixen und mit Salz, Pfeffer und Muskat abschmecken. Bis zum Gebrauch im Kühlschrank mit Klarsichtfolie abgedeckt kalt stellen.

2 Radieschen
1 Rote Bete
20 g Butter
1 Handvoll grobes Meersalz
Salz, Pfeffer, Muskat

Gelbe Pattison gefüllt mit Pilzragout

Die Pattison mit einem Kugelausstecher aushöhlen und mit etwas Butter und Gemüsebrühe garen. Pilze putzen und in gleich große Würfel schneiden. Mit Butter anrösten, mit Madeira ablöschen und mit Geflügelbrühe auffüllen. Mit Salz und Pfeffer abschmecken. Die geschlagene Sahne einrühren und das Pilzragout in die Pattison füllen. Bis zum Gebrauch im Kühlschrank mit Klarsichtfolie abgedeckt kalt stellen.

4 gelbe Pattison (Minikürbis)
1 Champignon, 2 Austernpilze
2 Shitake, 4 Pfifferlinge
1 Kräutersaitling, 20 g Butter
10 cl Madeira, 10 ml Gemüsebrühe
1 TL gehackter Thymian, Rosmarin
1 Löffel geschlagene Sahne
Salz, Pfeffer

Konfiertes und gefülltes Gemüse

Zucchini gefüllt mit Ratatouille

2 Minizucchini
20 ml Olivenöl
½ Zucchini, ½ Aubergine
½ gelbe Paprika, ½ rote Paprika
½ TL gehackte Thymian, Rosmarin
½ Schalotte, ½ Knoblauchzehe
10 ml dunklen Balsamicoessig
Salz, Pfeffer

Die Minizucchini halbieren und das Innere mit einem Messer herausschaben, so dass ein Hohlraum entsteht. Das restliche Gemüse putzen und in kleine gleichmäßige Würfel schneiden. Mit Olivenöl scharf anbraten und mit Salz, Pfeffer und den gehackten Kräutern würzen. Die Pfanne vom Herd nehmen und das Gemüse mit Balsamicoessig ablöschen. Das Ratatouille in die halbierten Zucchini einfüllen und bis zum Gebrauch im Kühlschrank mit Klarsichtfolie abgedeckt kalt stellen.

Blumenkohl

4 Mini Blumenkohl-Köpfe
30 g frisch geriebenes Toastbrot
10 g gehackten Kerbel
20 g Butter
Salz, Pfeffer

Vier kleine Blumenkohl-Köpfe in kochendem, leicht gesalzenem Wasser blanchieren, bis sie gar aber noch bissfest sind. Aus den Kochwasser herausnehmen und in Eiswasser abschrecken. Das geriebene Toastbrot in der Butter hellbraun anrösten. Den gehackten Kerbel mit unterschwenken und später oben auf den Blumenkohl geben.

Holunderblütendressing

80 ml Holunderblütenessig
60 ml Holunderblütengenuss (alternativ süßer Holunderblütensirup)
20 ml weißer Portwein
30 ml Gemüsebrühe
20 g fein gehackte Kräuter (Estragon, Kerbel, Blattpetersilie)
100 ml kalt gepresstes Olivenöl
20 ml Traubenkernöl, Salz, Pfeffer

Den Holunderblütenessig mit Holunderblütengenuss, weißem Portwein und Gemüsebrühe in einem Topf erwärmen. Das Olivenöl und das Traubenkernöl mit einem Zauberstab unter ständigem Rühren nach und nach eingießen, bis eine Emulsion entsteht. Mit Salz und Pfeffer würzen. Die gehackten Kräuter erst kurz vor dem Anrichten dazugeben, damit sich das Aroma voll entfalten kann.

Alle gefüllten Minigemüse in einem steam basket (oder einem handelsüblichen Dämpfeinsatz) auf einem mit etwas Wasser und Kräutern gefüllten Topf heiß dämpfen. Auf einem Teller im Uhrzeigersinn anrichten. Mit dem milden, warmen Holunderblütendressing angießen. Als Beilage empfehlen wir ein paar gekochte kleine neue Kartoffeln.

Variation von der Bohne mit Kräuterquark

Bohnen – Royal
Bündchen von Keniabohnen
Weißes Bohnenpüree
Bohnenragout
Gebackene Bohnen-Stange

Bohnen – Royal

Für 4 Personen

100 g Fèves (Saubohnen)
40 ml Sahne
10 g gehacktes Bohnenkraut
40 ml Eigelb
Salz, Pfeffer
getrocknete Tomatenfilets

Die Bohnen in leicht gesalzenem, kochendem Wasser blanchieren. In Eiswasser abschrecken und mit einer Küchenmaschine mit der Sahne, dem Eigelb und dem Bohnenkraut mixen. Mit Salz und Pfeffer würzen, in eine feuerfeste Form gießen und bei 100 °C im vorgeheizten Backofen für ¾ Stunde stocken. Herausnehmen und für 3 Stunden im Kühlschrank auskühlen lassen. Erst im ausgekühlten Zustand lässt sich die Royal sauber ausstechen. Zum Aufwärmen auf einen gebutterten Porzellanteller setzen, mit Klarsichtfolie überziehen und für 10 Minuten in einen auf 60 °C vorgeheizten Bachofen schieben. Zur Dekoration die Royal mit getrockneten Tomatenfilets umlegen.

Bündchen von Keniabohnen

150 g Keniabohnen
8 Halme Schnittlauch
1 Zweig Bohnenkraut
1 Knoblauchzehe
½ Schalotte
Salz

Die Keniabohnen in vier gleich große Häufchen verteilen. Den Schnittlauch für 5 Sekunden in kochendem Wasser blanchieren, um ihn dadurch etwas flexibler zu machen. Die Bohnenhäufchen jeweils mittig mit dem jetzt flexiblen Schnittlauch, zwei Halme pro Bund, zusammenbinden. Die Bohnenbunde auf beiden Seiten sauber abschneiden und in leicht kochendem Wasser, das mit dem Bohnenkraut, dem Knoblauch, der Schalotte und etwas Salz gewürzt wurde, garen.

Weißes Bohnenpüree

200 g weiße Elefantenbohnen
½ Stück Chilischote
1 Stück Schalotte
1 Stück Knoblauch
1 Zweig Bohnenkraut
80 ml Sahne
20 g Butter
Salz, Muskat, Pfeffer

Die Elefantenbohnen mit der Chilischote, der Schalotte, dem Knoblauch und dem Bohnenkraut in leicht gesalzenem Wasser weich kochen. In der Zwischenzeit die Sahne aufkochen, mit Salz, Muskat und Pfeffer abschmecken. Nun die Bohnen herausnehmen und mit der gewürzten Sahne in einer Küchenmaschine mixen. Das noch grobe Püree durch ein feines Sieb streichen, so dass die groben Hautteile der Bohnen herausgerieben werden. Das fertige Püree in einer Schüssel, mit Klarsichtfolie abgedeckt, im Warmwasserbad aufbewahren.

Variation von der Bohne mit Kräuterquark

Bohnenragout

Die Buschbohnen putzen, waschen und in gleich große Stücke schneiden. Die Schalotten und den Knoblauch in etwas Butter glasig anbraten. Die geschnittenen Bohnen dazugeben, mit Gemüsebrühe auffüllen, mit Bohnenkraut, Salz und Pfeffer würzen. Wenn die Bohnen gegart sind, mit Tomatenwürfeln, die vorher aus den Tomatenfilets geschnitten wurden, verfeinern.

120 g Buschbohnen/Stangenbohnen
2 Strauchtomaten (als Tomatenfilets)
1 fein gewürfelte Schalotte
1 TL gehacktes Bohnenkraut
10 g Butter
50 ml Gemüsebrühe
Salz, Pfeffer

Gebackene Bohnen-Stange

Die Bohnen in leicht gesalzenem, kochendem Wasser blanchieren. Sobald die Bohnen weich gekocht sind, in Eiswasser abschrecken und auf einem Küchenpapier trocknen. Die Bohnen der Länge nach aufschneiden, die Innenseite einer aufgeschnittenen Bohne mit dem Püree bestreichen und mit der andere Bohnenhälfte wieder zusammenkleben. Den Strudelteig mit flüssiger Butter bestreichen und die gefüllten Bohnen einzeln darin einrollen. Auf Backpapier setzen und bei 180 °C im vorgeheizten Backofen für 15 Minuten backen.

4 Buschbohnen/Stangenbohnen
20 g weißes Bohnenpüree von der Rezeptur oben wegnehmen
1 Seite Strudelteig
20 g flüssige Butter

Kräuterquark

Den Quark mit den Kräutern mischen, mit den Gewürzen abschmecken und in kleine Schälchen abfüllen.

100 g Speisequark, 20%
20 g gehackte Kräuter von Bohnenkraut, Kerbel, Blattpetersilie, Thymian
1 Tropfen Tabasco
Salz, Pfeffer, Cayenne-Pfeffer

Anrichten:
Die einzelnen Komponenten der Reihe nach auf einem Teller anrichten. Den Kräuterquark in einem separaten Schälchen reichen.

Variation von Wetterauer Karotten

Karotten-Quiche
Karottenpüree
Avocado-Karotten-Guacamole
Chartreuse von Lauch und Karottenmousse

Für 4 Personen

Karotten-Quiche

600 g Mehl
300 g Butter, Zimmertemperatur
30 ml Wasser
Prise Salz

2 dicke Karotten
20 g gehackter Kerbel
20 ml Pernod
Prise Salz
1 Anisstern
30 ml Gemüsebrühe
20 g Butter

Royal
50 ml Sahne
50 ml Eigelb
Salz, Pfeffer, Muskat

1. Mehl, Butter, Salz und Wasser verkneten, in Klarsichtfolie einschlagen und für 30 Minuten in den Kühlschrank stellen. Den Teig nach dem Abkühlen mit einem Nudelholz auf eine Stärke von 3 mm ausrollen und damit die vier vorgefetteten Tarteformen auslegen. Den Teig in der Backform mit einer Gabel mehrmals einstechen, damit eine Blasenbildung verhindert wird. So lässt sich die Tarte später besser mit der Quichemasse füllen.

2. Karotten putzen und schälen. Mit einer Vierkant-Reibe in feine Streifen reiben und in Butter mit dem Anisstern glasig schwenken, mit Pernod und der Gemüsebrühe ablöschen und einköcheln, bis keine Flüssigkeit mehr zu sehen ist. Bis zur Zimmertemperatur abkühlen lassen und den Kerbel unterheben.

3. Für die Royal die Sahne mit dem Eigelb verrühren und mit Salz, Pfeffer und Muskat würzen. Die geschwenkten Karotten mit der Royal mischen, in die vorgebackenen Tarte-Backformen einfüllen und nochmals für ca. 10 Minuten bei 180 °C im vorgeheizten Backofen garen. Die Tarte bei Zimmertemperatur in Kuchenstücke schneiden und bis zum Verzehr mit Folie abdecken.

Karottenpüree

3 dicke Karotten à ca. 100 g
2 Schalotten
½ Knoblauchzehe
30 g Butter
1 TL Palmzucker
Mark einer ½ Vanillestange
50 ml weißer Portwein
20 ml Pernod
100 ml Sahne
1 EL Crème fraîche
100 ml Gemüsebrühe

1. Karotten, Schalotten und Knoblauch in gleich große Stücke schneiden. In Butter glasig anschwenken, mit dem Palmzucker und dem Vanillemark karamellisieren. Zum Ablöschen zuerst Pernod zugeben und später mit Portwein, Gemüsebrühe und Sahne auffüllen.

2. Bei schwacher Hitze Karotten und Schalotten weich köcheln, aus dem Topf nehmen und die übriggebliebene Sahnesoße bis zu einer cremigen Konsistenz reduzieren. Beide Komponenten pürieren und dabei die kalte Crème fraîche dazugeben. Die Hälfte des Karottenpürees in einen Spritzsack abfüllen und bis zum Anrichten bei Zimmertemperatur lagern. Die andere Hälfte des Pürees wird später verarbeitet.

Variation von Wetterauer Karotten

Avocado-Karotten-Guacamole

100 g grobes Meersalz
1 dicke Karotte à 100 g
½ Avocado
½ Limette
1 fein gewürfelte Schalotte
20 g in feine Ringel geschnittener Schnittlauch
¼ fein gehackte Knoblauchzehe
2 Tropfen Tabasco
1 Messerspitze Cayenne-Pfeffer
Salz

Für vier Hörnchen zum Füllen der Avocado-Karotten Guacamole:
2 Blätter Brikteig

1. Karotte waschen, ungeschält mit grobem Meersalz in Alufolie einschlagen und bei 180 °C ca. eine ¾ Stunde im vorgeheizten Backofen garen. Das Avocadofleisch in feine Würfel schneiden und sofort mit dem Saft einer ½ Limette beträufeln. So wird die Avocado nicht braun. Schalottenwürfel, Schnittlauch und Knoblauch unterheben, mit Tabasco, Cayenne-Pfeffer und etwas Salz abschmecken. Wenn die Karotte gegart ist, auf Zimmertemperatur abkühlen lassen, schälen und in gleich große Würfel schneiden. Die Karotte unter die Avocado mischen, abschmecken und mit Klarsichtfolie und Alufolie abdecken.

2. Für die Hörnchen, die mit der Guacamole gefüllt werden, benötigen wir Kegelformen aus Edelstahl; alternativ aus Alufolie 4 Kegel formen. Den Brikteig mit einem runden Ausstecher (ca. 10 cm Durchmesser) ausstechen und um die gefettete Kegelform wickeln. Danach im auf 180 °C vorgeheizten Backofen goldbraun backen.

Chartreuse von Lauch und Karottenmousse

1 Stange Lauch
100 g Karottenpüree (die Hälfte vom Rezeipt S. 99 unten)
2 Blatt Gelatine
50 ml geschlagene Sahne

1. Stangenlauch putzen und waschen. Den weißen und den grünen Teil des Lauchs in je 40 Streifen à 12 cm Länge schneiden. Diese für 30 Sekunden in leicht gesalzenem Wasser kochen, mit Eiswasser abschrecken und auf einem Küchenpapier trockenlegen. Vier gleich große Matten mit abwechselnd weißen und grünen Lauchstreifen flechten.

2. Für das Karottenmousse das Karottenpüree erwärmen und darin die bereits in kaltem Wasser eingeweichte Gelatine auflösen. Das Püree auf Zimmertemperatur abkühlen und die geschlagene Sahne mit einem Gummischaber unterheben. Jeweils zwei Esslöffel Mousse auf jede geflochtene Lauch-Matte geben und einwickeln. Danach zum Erkalten in den Kühlschrank stellen.

40 g Mesclin-Salat (siehe S. 41)
1–2 gekochte Fingermöhren

Die Komponenten auf dem Teller anrichten, etwas marinierten Mesclin-Salat beigeben und 1–2 gekochte Fingermöhren dazulegen.

Variation von Zuckermais

Für 4 Personen

Chartreuse
2 dicke Kartoffeln
10 ml kalt gepresstes Olivenöl
4 gleich große Edelstahlringe, Durchmesser ca. 4 cm, Höhe ca. 5 cm
20 g Butter

Maiscreme
200 g gekochter Zuckermais

Maisschaum
100 g Maiscreme
50 ml Sahne
1Eßlöffel Crème fraîche
1 Tropfen Tabasco
Salz, Cayenne Pfeffer
1 ISI-Sahnebläser und 2 Patronen

Polenta-Ecke
1 Schalotte
½ Knoblauchzehe
30 ml Olivenöl
20 ml Weißwein
150 ml Gemüsebrühe
80 g Polentagrieß
20 g geriebener Parmesan
20 g Butter
Salz, Pfeffer, Muskat

Reduzierte Paprikajus
3 rote Paprika
100 ml Wasser
1 TL Puderzucker
Salz

1. Die Kartoffeln schälen und auf einer Aufschnittmaschine oder einem Gurkenhobel in 5 mm dicke Scheiben schneiden. Aus diesen Scheiben werden Rechtecke von 1 cm Breite und 5 cm Höhe geschnitten. Die Kartoffelrechtecke in Olivenöl wie Bratkartoffeln anrösten. Die Innenseite der Edelstahlringe gut einbuttern und eng mit den Kartoffelscheiben auslegen.

2. Zuckermais fein pürieren und durch ein feines Passiersieb streichen, so dass ein homogenes Püree entsteht.

3. Die Maiscreme, Sahne und Crème fraîche aufmixen, mit Salz, Cayenne-Pfeffer und Tabasco abschmecken. Durch ein Haarsieb passieren und warm in einen ISI-Sahnebläser (siehe Seite 58) abfüllen, den Sahnebläser-Kopf aufdrehen. 2 Patronen nacheinander in die dafür vorgesehene Schraubvorrichtung auf den ISI-Bläserkopf drehen, kräftig 30 Sekunden lang schütteln und in einem heißen Wasserbad aufbewahren. Kurz vor dem Servieren den Maisschaum in die mit Kartoffeln ausgekleidete Chartreuseform spritzen und mit etwas rotem Paprikapulver bestreuen. Dann den Ring vorsichtig abziehen.

4. Die Schalotte fein schneiden und mit Knoblauch in Olivenöl anrösten. Mit Weißwein ablöschen und mit der Brühe auffüllen. Den Polentagrieß unter Rühren einrieseln lassen und auf schwacher Hitze unter Rühren garen. Wenn der Grieß weich gekocht ist, Parmesan unterrühren, die kalte Butter dazugeben, würzen und zum Schluss Olivenöl beigeben. Auf ein Backblech mit Backpapier gießen und im Kühlschrank 1 Stunde erkalten lassen. Nach dem Auskühlen in gleich große Quadrate von 5 x 5 cm schneiden und von einer Seite mit Hilfe einer Grillpfanne rösten.

5. Die Paprika halbieren, vom Strunk und Kerngehäuse befreien. Zusammen mit Wasser, Puderzucker und einer Prise Salz zu einem roten Saft pürieren.

6. Die gefüllte Chartreuse, die gegrillte Polenta und die Maiscreme auf dem Teller anrichten mit der Paprikajus das Gericht komplettieren und mit einem gegrillten Minimais und Kresse dekorieren.

Warme Tarte von gegrilltem Gemüse

mit Radieschen-Brotsalat, marinierten Kräutern und Oliventapenade

Für 4 Personen

Weißbrotboden
4 Scheiben Weißbrot

Auberginenpüree
1 Aubergine
3 Knoblauchzehen
1 Zweig Thymian
1 Zweig Rosmarin
feines Meersalz
60 ml kalt gepresstes Olivenöl

Belag
1 Zucchino
1 rote Paprika
1 gelbe Paprika
1 Aubergine

Pilzsalat
120 g Pilze der Saison
etwas Olivenöl
Salz, Pfeffer
etwas Essig

Wildkräutersalat
1 Paket Frankfurter Grüne Soße-Kräuter (siehe Tipp Seite 46)
etwas Zitronensaft

Oliventapenade
(Oliven müssen 3–4 Stunden trocknen)
60 g schwarze Oliven
etwas Olivenöl
etwas Thymian und Rosmarin

1. Aus vier Weißbrotscheiben 12 x 6 cm große Rechtecke herausschneiden und in einer Grillpfanne ohne Fett anrösten.

2. Die Aubergine längs halbieren, die halbierten Seiten jeweils auf der flachen Seite einschneiden und mit Knoblauch und Kräutern belegen, mit Salz würzen und mit Olivenöl kräftig beträufeln. Bei 180 °C abgedeckt für 30 Minuten in den Ofen schieben. Das Auberginenfleisch mit einem Suppenlöffel aus der Schale schaben und mit einer Küchenmaschine zu einem feinen Püree mixen.

3. Zucchino und Aubergine der Länge nach in 0,5 cm starke Scheiben schneiden, die Paprika halbieren, vom Kerngehäuse befreien und mit etwas Olivenöl in einer Grillpfanne garen.

4. Die Pilze waschen und putzen, klein schneiden und in etwas Olivenöl anbraten; mit etwas Salz, Pfeffer und Essig abschmecken. Die Kräuter der Saison waschen und fein zupfen, mit Zitronensaft, Salz und Pfeffer abschmecken.

5. Die Oliven über 3 bis 4 Stunden im geöffneten Backofen bei 60 °C trocknen, mit einer Küchenmaschine fein mixen und mit Olivenöl vermischen, danach mit etwas gehacktem Thymian und Rosmarin abschmecken.

6. Die Weißbrotscheiben großzügig mit Auberginenpüree bestreichen und mit dem gegrillten Gemüse belegen, danach die Tarte nochmals für 5–8 Minuten bei 180 °C im Ofen erwärmen und auf dem Teller mit dem Kräutersalat anrichten. Als Garnitur kann noch eine halbierte und gegarte Mini-Artischocke oder eine konfierte Cocktailtomate hinzugefügt werden.

Tipp

Die Paprika mit einem kleinen Topf beschweren, damit sie sich besser grillen lässt.

Die Pilze können auch im Ganzen in einem guten Olivenöl bei 60 °C für ca. 12 Stunden konfiert werden. Dadurch werden sie saftiger und aromatischer.

Wetterauer Steinkartoffel im Kartoffelnest

mit Aioli von Frankfurter Kräutern

1. Die Kartoffeln mit Schale mit Thymian, Rosmarin, Knoblauch und Chilischoten in Wasser mit Meersalz kochen. Nach dem Weichkochen ca. 15 Minuten ausdampfen lassen, auf einen Zahnstocher aufspießen und durch den Ton ziehen. Auf eine Alufolienrolle stecken und 18 Minuten bei 140 °C trocknen. Wenn sie getrocknet sind, im Backofen bei 100 °C warm halten.

2. Ton und Milchzucker mit kaltem Mineralwasser zu einer flüssigen Masse vermengen und mit den Gewürzen aromatisieren.

3. Kartoffeln schälen und mit einem Hobel in hauchdünne Scheiben schneiden. Diese aufeinanderlegen und in feine Streifen schneiden, unter kaltem Wasser abwaschen und auf einem Küchenpapier gut trocknen. Dann im Frittierkorb luftig verteilen und bei 160 °C in der Friteuse für ca. 5 Minuten goldgelb bräunen. Herausnehmen und auf einem Küchenpapier abtropfen lassen; mit etwas Salz würzen. Die frittierten Kartoffeln zu einem Körbchen anrichten. Die gezupften Frankfurter Kräuter mit Salatdressing marinieren und diese in vier Kartoffelkörbchen verteilen.

4. Eigelb mit Essig, Knoblauch, Gewürzfond und Senf verrühren. Das Sonnenblumenöl unter ständigem Rühren mit dem Schneebesen langsam zugießen. Die Frankfurter Kräuter zupfen, waschen, auf einem Küchenpapier trocknen und fein gehackt dazugeben. Mit Salz und Pfeffer abschmecken und separat in einem Schälchen reichen.

5. Karotten und Knollensellerie schälen und mit einem Sparschäler in lange Gemüsestreifen schneiden. Den grünen Spargel waschen und mit dem Sparschäler in Streifen schneiden. Den Lauch längs halbieren und unter fließendem Wasser säubern. Mit einem Messer in gleichmäßige Streifen schneiden. Die fertigen Gemüsestreifen mit Butter anschwitzen, mit der Brühe auffüllen, weich kochen und würzen.

6. Die gedünsteten Gemüsestreifen auf einen Teller drapieren. Darauf den mit Kräutern gefüllten Kartoffelkorb mit der Steinkartoffel setzen. Die Aioli von Frankfurter Kräutern in einem kleinen Gefäß mit einem Löffel separat anrichten.

Für 4 Personen

Steinkartoffel
8 kleine Kartoffeln
1 Zweig Thymian, 1 Zweig Rosmarin
1 Knoblauchzehe
½ Chilischote
Meersalz
8 Zahnstocher
Alufolie

Ton
120 g weißer Ton (Kaolin)*
160 g Milchzucker
280 ml Mineralwasser
Salz, Pfeffer, Tabasco

Kartoffelkorb mit Kräutersalat
2 dicke Kartoffeln
1 Frittierkorb, Fett zum Frittieren
Salz
80 g gezupfte und gewaschene Frankfurter Kräuter
20 ml Salatdressing

Aioli von Frankfurter Kräutern
1 Eigelb
1 EL Weißweinessig
½ fein gehackte Knoblauchzehe
1 EL Gewürzgurkenfond
½ TL mittelscharfer Senf
200 ml Sonnenblumenöl
1 Bund Frankfurter Kräuter
Salz, Pfeffer

Gemüsestreifen
2 Karotten
½ Sellerieknolle
2 grüne Spargelstangen
1 Stange Lauch
20 g Butter
50 ml Gemüsebrühe
Salz, Pfeffer

* Das Kaolin oder „Weißer Ton" ist auch als Porzellanerde bekannt und in der Apotheke erhältlich.

Desserts

Fourme d'Ambert mit Radicchio di Treviso
Glasiertes Törtchen von Babybananen
Mokkatörtchen mit eingelegter Pattaya-Mango
Mille Feuille von karamellisierten Strudelblättern
Soufflé von Valrhona-Schokolade
Ziegenkäse-Variation

Fourme d'Ambert mit Radicchio di Treviso

mit geröstetem Sauerteigbrot und Balsamicoessig

Für 4 Personen

Balsamicodressing
70 g dunkler Balsamicoessig
80 g heller Balsamicoessig
80 g Rotweinessig
80 g Holunderblütenessig
400 g Geflügelbrühe
20 g Salz
50 g Zucker
je einen Zweig Estragon, Schnittlauch, Rosmarin, Thymian, Kerbel
1 Schalotte
1 Knoblauchzehe
200 g Olivenöl
50 g Traubenkernöl
20 g Walnussöl
50 g alter Balsamicoessig

Fourme d'Ambert
200 g Fourme d'Ambert
1 kleiner Kopf Radicchio di Treviso
8 dünne Scheiben Roggensauerteigbrot
20 g Olivenöl

1. Die Essigsorten mit der Brühe, dem Salz und dem Zucker aufkochen. Die Kräuter, die klein geschnittene Schalotte und den Knoblauch dazugeben und über Nacht ziehen lassen. Danach alles passieren, aufkochen und das Olivenöl mit einem Zauberstab nach und nach einmixen. Zum Schluss das Traubenkern- und Walnussöl sowie den alten Balsamicoessig untermixen, so dass eine Emulsion entsteht.

2. Aus dem Sauerteigbrot 8 Scheiben ausstechen und in etwas Olivenöl in einer Pfanne anrösten. Anschließend auf ein Küchenpapier legen, damit das überflüssige Fett aufgesaugt wird.

3. Aus dem Fourme d'Ambert ebenfalls 8 dünne Scheiben ausstechen, den Treviso mit Dressing marinieren und abwechselnd mit dem Brot und dem Käse übereinanderschichten.

4. Die angerösteten Scheiben Sauerteigbrot mit dem Käse und dem Radicchio-Salat abwechselnd auftürmen und mit dem Balsamicodressing beträufeln.

Anmerkung

Radicchio di Treviso oder Trevisiano ist eine längliche Radicchio-Sorte, die sich geschmort oder gegrillt sehr gut als Beilage eignet.

Glasiertes Törtchen von Babybananen

mit Bananen-Passionsfruchtragout und Kokos-Chili-Eis

Für 4 Personen

Bananentörtchen
100 ml Passionsfruchtsaft
10 ml Limonensaft, 10 g Zucker
2 Blatt Gelatine
4 Halbkugel-Förmchen (ca. 6 cm Durchmesser)
etwas Öl zum Einfetten
3 Babybananen

Bananenmousse
200 g gekochtes Bananenmark
40 g Zucker, 2 Blatt Gelatine
1 cl brauner Rum, 200 ml Sahne

Ganache
50 g Pur Caraïbe-Kuvertüre, 70% von Valrhona*
100 ml Sahne

Bananen-Passionsfruchtragout
100 g Zucker
100 ml Orangensaft
100 ml Ananassaft
100 ml Maracujasaft
Mark einer ½ Vanilleschote
4 Babybananen
2 Passionsfrüchte
10 g Stärke

Kokos-Chili-Eis
500 ml Kokosmilch
150 g Zucker
½ getrocknete Chilischote
2 Blatt Gelatine
2 cl Malibu (Kokoslikör)

Schokoladen-Krokant Hippe
50 g Butter
100 g Zucker
50 ml Orangensaft
20 g Glucose
40 g Mehl, 15 g Kakaopulver

* französische Gourmet-Schokolade

1. Passionsfruchtsaft, Limonensaft und Zucker erhitzen. Die in kaltem Wasser eingeweichte Gelatine ausdrücken und im Saft auflösen. Die Halbkugel-Formen einfetten und glatt mit Frischhaltefolie auslegen. Die Bananen in 2 mm dicke Scheiben schneiden, in das noch lauwarme Passionsfruchtgelee legen und Scheibe für Scheibe in die Form einlegen. Die Formen etwa ½ Stunde kalt stellen, das noch flüssige Gelee langsam in die Förmchen geben und verteilen, so dass sich eine dünne Geleeschicht über den Bananenscheiben bildet. Dann das restliche Gelee ausgießen und die Formen kalt stellen.

2. Die Sahne steif schlagen und die Gelatine in kaltem Wasser einweichen. Bananenmark, Zucker und Rum erhitzen, Gelatine ausdrücken und im Bananenmark unter Rühren auflösen. Die Masse erkalten lassen, bis sie kurz vor dem Gelieren ist, dann die geschlagene Sahne mit einem Gummischaber auf zwei Mal unterheben. Die vorbereiteten Bananenförmchen aus der Kühlung nehmen und mit dem Mousse glatt auffüllen. Die Förmchen ca. 2 Stunden kalt stellen, bis die Mousse fest geworden ist.

3. Die Kuvertüre etwas zerkleinern. Die Sahne erhitzen und die Hälfte davon auf die Kuvertüre geben und von der Mitte aus langsam verrühren. Ist eine homogene Masse entstanden, die restliche Sahne dazugeben, verrühren und erkalten lassen.

4. Die Bananentörtchen aus der Kühlung nehmen und mit einem Teelöffel eine kleine Kugel aus der Mitte der Mouse ausstechen. Die Vertiefung im Mousse zur Hälfte mit dem Ganache füllen und mit der restlichen Mousse vorsichtig wieder verschließen. Nochmals kühl stellen.

5. Den Zucker in einem Topf karamellisieren und mit dem Orangensaft ablöschen. Den Ananas- und Maracujasaft und das Vanillemark dazugeben und aufkochen.

6. Die Babybananen schälen und in 1 cm dicke Scheiben schneiden, die Passionsfrüchte halbieren und die Passionsfruchtkerne

Glasiertes Törtchen von Babybananen

mit einem Löffel auskratzen. Beides mischen und mit dem heißen Ananas-Maracuja-Fond übergießen.

7. Die Gelatine in kaltem Wasser einweichen. Die Kokosmilch, die Chilischote, den Zucker und den Malibulikör aufkochen. Die Gelatine ausdrücken und in die Kokosmilch rühren. Die Chilischote (je nach Schärfe) nach etwa ¼ Stunde durch Passieren wieder aus der Eismasse entfernen und das Eis in der Eismaschine frieren. Die Schärfe sollte leicht zu schmecken sein.

8. Die Butter, den Zucker, den Orangensaft und die Glucose erhitzen. Das Mehl und das Kakaopulver sieben, mischen und in die Orangensaftmischung rühren. Etwas erkalten lassen und 1 mm dünne Hippen auf eine Backmatte streichen. Die Hippen 4 Minuten bei 180 °C backen. Nach dem Backen die Hippe von der Backmatte nehmen und in einer luftdichten Box aufbewahren.

9. Die Bananentörtchen vorsichtig mit der Folie aus der Form ziehen und auf den Teller setzen. Die Folie entfernen und eventuell noch einmal mit dem restlichen Gelee bepinseln. Das Bananen-Passionsfruchtragout um das Törtchen verteilen und mit ein paar Johannisbeeren und Minze garnieren, die Schokoladenhippe anlegen und das Eis ansetzen.

Mokkatörtchen mit eingelegter Pattaya-Mango

und Karamelleis

Für 4 Personen

Biskuit
2 Eigelbe
3 Eier
150 g Zucker
150 g Mehl
30 g Stärke
90 g flüssig Butter

Nougatmasse
300 g Nougat de Montelimar
100 g Guanaja-Kuvertüre, 70%
von Valrhona (siehe S. 113)
30 g Kakaobohnenbruch

Vanillecreme
125 ml Milch
10 g Stärke
1 Eigelb
20 g Zucker

Buttercreme
100 g Butter
100 g Erdnussfett
Mark einer ½ Vanilleschote
20 ml sehr starker, kalter Espresso

Ganache
250 g Café noir-Kuvertüre, 56%
von Valrhona
125 ml Sahne
4 cl Tia Maria-Likör
2 Tassen frisch gebrühter Kaffee

50 g Guanaja Kuvertüre, 70%
von Valrhona

Glasur
120 ml Wasser
150 g Zucker
100 ml Sahne
50 g Kakaopulver
4 Blatt Gelatine

Zutaten und Rezept
weiter auf Seite 118

1. Das Eigelb und die Eier mit dem Zucker cremig rühren, bis die Masse fast weiß ist. Das Mehl und die Stärke mischen, sieben und mit einem Gummischaber vorsichtig, aber zügig unter die Eimasse heben. Die Butter auflösen und unter die Biskuit-Grundmasse rühren. Die fertige Biskuitmasse auf ein mit Backpapier ausgelegtes Backblech füllen und für 10 Minuten bei 180 °C im vorgeheizten Backofen backen.

2. Für die Nougatmasse den Nougat langsam im Wasserbad erwärmen, ebenso mit der Kuvertüre verfahren. Beide Komponenten miteinander verrühren und den Kakaobohnenbruch einrühren. Die Masse an einem warmen Ort (ca. 30 °C) aufbewahren.

3. Für die Vanillecreme von der Milch 4 EL wegnehmen und mit der Stärke und dem Eigelb verrühren. Die restliche Milch mit dem Zucker aufkochen und in die Eigelbmasse kräftig einrühren und kurz durchkochen. Auskühlen lassen und durch ein feines Sieb streichen. Für die Buttercreme die Butter und das Erdnussfett mit dem Mark der Vanille schaumig schlagen. Nach und nach abwechselnd Espresso und die Vanillecreme einrühren.

4. Die Kuvertüre klein hacken, in eine Metallschüssel geben und in einem warmen Wasserbad langsam auflösen. Die Sahne mit 2 cl Tia Maria aufkochen und auf die Kuvertüre geben. Nur langsam von der Mitte aus die Kuvertüre-Sahnemischung mit dem Gummischaber verrühren, bis eine homogene Masse entsteht.

5. Das Biskuit quer halbieren. 2 cl Tia Maria-Likör in den Kaffee geben. Eine Hälfte des Biskuits in eine mit Folie ausgelegte Auflaufform legen und mit der Hälfte der Kaffee-Tränke beträufeln. Die Nougatmasse auf den getränkten Biskuit streichen und gleichmäßig verteilen, die andere Biskuithälfte darauflegen, etwas andrücken und die restliche Kaffee-Tränke auf der zweiten Teigschicht verteilen, mit der Buttercreme bestreichen und kalt stellen. Die Ganache auf der erkalteten Schnitte gleichmäßig verteilen und kalt stellen. Später in 8 x 3 cm große Stücke schneiden, dünn mit flüssiger Kuvertüre einpinseln und in den Kühlschrank stellen.

Mokkatörtchen mit eingelegter Pattaya-Mango

6. Für die Glasur Wasser, Zucker, Sahne und Kakaopulver in einem Topf auf ca. 65 °C erwärmen. Die Gelatine in kaltem Wasser einweichen, nach ca. 3 Minuten herausnehmen, gut ausdrücken und in die Glasur geben. Wenn die fertige Glasur eine Temperatur von ca. 30 °C erreicht hat, können die Mokkaschnitten damit überzogen werden. Dafür die Schnitte auf ein Kuchengitter stellen, das auf einer gleich großen Schüssel steht und mit der Glasur gleichmäßig übergießen. Evtl. das Glasieren noch einmal wiederholen, die Schnitte auf ein mit Backpapier ausgelegtes Blech setzen und bis zum Servieren kalt stellen.

7. Für das Karamell-Eis Zucker karamellisieren und mit der Milch ablöschen, mit Sahne auffüllen und aufkochen lassen. Die Karamellsahne unter Rühren auf das Eigelb geben, dann wieder im Topf bei mittlerer Hitze unter Rühren erwärmen, bis die Masse dickflüssig wird. Sofort in eine Schüssel umfüllen, erkalten lassen und einfrieren.

8. Hippen: Puderzucker und Mehl mischen, sieben und in die Mitte eine Mulde drücken. Eiweiß in die Mulde geben und verrühren. Die flüssige Butter zum Schluss einrühren. Die Hippenmasse gleichmäßig in 1 mm Stärke und ca. 10 cm Länge auf eine Backmatte aufstreichen und bei 180 °C ca. 4 Minuten backen. Die angebräunten Hippen von der Backmatte nehmen und luftdicht aufbewahren.

9. Wasser und Zucker zum Kochen bringen und die Haselnüsse dazugeben. Den Zucker unter Rühren zum Kristallisieren bringen. Wenn das Wasser verdampft ist, schließen sich die Zuckerkristalle um die Nüsse und fangen an zu karamellisieren. Sind die Nüsse karamellisiert, werden sie mit der Butter vermischt, bis eine rahmige Konsistenz entsteht, und auf ein Blech mit Backpapier gelegt. Die Nüsse voneinander trennen, erkalten lassen und luftdicht aufbewahren.

10. Die Mokkaschnitte auf einen Teller setzen. Die Mango schälen und pro Person 3–4 Scheiben auf dem Teller anrichten. Die karamellisierten Nüsse verteilen, pro Person eine Hippe in die Mokkaschnitte stecken und mit Karamelleis servieren. Eventuell können noch Minzespitzen zur Dekoration verwendet werden.

Karamelleis
100 g Zucker
250 ml Milch
250 ml Sahne
100 g Eigelb

Hippenmasse
50 g Puderzucker
50 g Mehl
2 Eiweiß
25 g flüssige Butter

Karamellisierte Nüsse
100 ml Wasser
100 g Zucker
150 g ganze Haselnüsse
1 TL Butter

1 Mango

Mille Feuille von karamellisierten Strudelblättern

mit Hibiskuscreme, Himbeeren und Holunderblütenessigeis

Für 4 Personen
Bild Seite 121

Hibiskuscreme
50 g getrocknete Hibiskusblätter
150 ml Wasser, 100 ml Milch
250 ml Sahne, 60 g Zucker
Mark einer ½ Vanilleschote
30 g Weizenstärke
40 g Eigelb (= 2 Stück)

Karamellisierte Strudelblätter
3 Blatt Filoteig
1 Eiweiß
100 g Puderzucker
1 EL flüssige Butter

Himbeersauce
200 g gefrorene Himbeeren
50 g Zucker
2 cl Himbeerbrand

Holunderblütenessigeis
200 ml Holunderblütenessig
150 g Butter
300 ml Holunderblütenfond
50 ml Sahne, 100 g Zucker
3 Eigelbe

Holunderblütenfond
225 g Zucker
375 ml Weißwein
1 Nelke
½ Zimtstange
½ Vanillestange
Saft und abgeriebene Schale von ½ Zitrone
250 g Holunderblüten

Hippenmasse
50 g Puderzucker
20 g Kakao, 20 g Mehl
2 Eiweiß, 25 g Butter

1 Passionsfrucht
1 Schale Himbeeren
Minzeblätter

1. Die getrockneten Hibiskusblättern für 15 Minuten im heißen Wasser ziehen lassen. Den Tee abseihen und mit 50 ml Milch, Sahne, Zucker und Vanillemark erhitzen. Die Stärke und restliche Milch anrühren, das Eigelb einrühren und die Masse unter die Hibiskussahne geben. Unter ständigem Rühren 1 Minute kochen. Die Creme vom Herd nehmen, mit Frischhaltefolie bedecken, damit sich keine Haut bildet, und kühl stellen.

2. Für die karamellisierten Strudelblätter ein Blatt Filoteig dünn mit Eiweiß einpinseln und eine dünne Schicht Puderzucker darübersieben. Das nächste Filoteigblatt auf die erste Teigschicht drücken und wieder dünn mit Eiweiß bestreichen, mit Puderzucker bestreuen und nun das letzte Filoteigblatt aufdrücken. Dieses ebenfalls mit Butter bepinseln und mit etwas Puderzucker bestreuen. Diese Teigplatte in 3 x 6 cm große Stücke schneiden, einzeln auf ein gefettetes Backblech legen und etwa 5 Minuten bei 180 °C backen, bis die Strudelblätter eine goldbraune Farbe angenommen haben. Anschließend die Teigstücke auf ein Stück Backpapier legen und in einer luftdichten Box aufbewahren.

3. Für die Himbeersauce die Himbeeren mit dem Zucker vermischen und ca. 1 Stunde ruhen lassen, bis die Himbeeren etwas Saft gezogen haben. Zusammen aufkochen und mit einer kleinen Saucenkelle durch ein feines Haarsieb drücken, bis die Sauce kernfrei ist. Abkühlen lassen und mit etwas Himbeerbrand abschmecken.

4. Den Holunderblütenessig auf 100 ml reduzieren, die Butter in Würfel schneiden und kalt stellen. Den Holunderblütenfond, die Sahne und den Zucker aufkochen, unter ständigem Rühren auf das Eigelb geben, den reduzierten Essig dazugeben und die kalte Butter nach und nach mit einem Stabmixer unter die Eismasse mixen, bis sie sich komplett aufgelöst hat. In der Eismaschine frieren und in den Froster stellen.

5. Den Zucker schmelzen und mit Weißwein ablöschen. Die Gewürze zugeben und alles einmal aufkochen lassen. Dann die Holunderblüten zugeben und mindestens 24 Stunden ziehen lassen.

Mille Feuille von karamellisierten Strudelblättern

Alternativ kann man auch 100 ml Holunderblütensirup aus dem Fachhandel mit einer Mischung von Weißwein und Wasser nach Geschmack auffüllen.

6. Das Mehl, den Kakao und den Puderzucker mischen und sieben. In diese Mischung eine Mulde drücken, das Eiweiß hinein geben und mit einem Schneebesen verrühren. Die Butter auflösen und unter die Masse rühren. Die Hippenmasse gleichmäßig in 1 mm starke, 0,5 cm breite und 10 cm lange Streifen auf eine Backmatte aufstreichen und bei 180 °C ca. 4 Minuten backen. Aus dem Ofen nehmen und sofort über einen Holzlöffelstiel spiralförmig aufwickeln und fest werden lassen. Die fertigen Hippen von dem Holzstiellöffel abziehen und luftdicht verpacken.

7. Die Hibiskuscreme in einen Spritzbeutel mit Rundtülle füllen und abwechselnd mit den karamellisierten Strudelblättern auf den Teller schichten. Pro Person werden 5 Strudelblätter gerechnet. Die Himbeeren in der Sauce marinieren und auf die Teller verteilen. Etwas Passionsfrucht daraufgeben und das Eis anrichten. Mit einem Minzeblatt dekorieren, die Hippe auf das Eis legen und servieren.

Soufflé von Valrhona-Schokolade

mit eingekochten Kirschen vom Kaiserstuhl und weißem Portwein-Eis

Für 4 Personen

Soufflé von Valrhona-Schokolade*
120 g Butter
120 g Guanaja-Kuvertüre, 70% von Valrhona
2 Eiweiß
80 g Zucker
6 Eigelbe
20 g Mehl

Kirschen vom Kaiserstuhl
100 ml roter Portwein
100 ml Kirschsaft
50 g Zucker
1 Zimtstange
1 ausgekratzte Vanilleschote
2 cl Kirschbrand
200 g entkernte Kirschen

Weißes Portweineis
1 l weißer Portwein
Mark einer ½ Vanilleschote
150 g Zucker
8 Eigelbe
250 g Butter

* französische Gourmet-Schokolade

1. Die Butter erhitzen, die Kuvertüre im Wasserbad auflösen und mit der Butter verrühren. Das Eiweiß und den Zucker zu Schnee aufschlagen, die Eigelbe einrühren, das Mehl sieben und nach und nach mit einem Gummischaber unterheben. Zum Schluss die Kuvertüren-Buttermischung vorsichtig unterrühren. Die Souffléförmchen etwas buttern und zuckern, damit das Soufflé beim Backen nicht am Förmchenrand hängen bleibt und nicht aufgehen kann. Die Masse in die Förmchen verteilen, bei ca. 180 °C 12–14 Minuten backen und sofort in der Form servieren.

2. Den Portwein, den Kirschsaft, den Zucker und die Gewürze aufkochen und mit dem Kirschbrand verfeinern. Die Kirschen in den Portwein-Gewürz-Fond geben und einmal kurz aufkochen. Im heißen Zustand in ein Einmachglas füllen und verschließen. Die Kirschen 2 Tage ziehen lassen. Den Kirschfond durch ein feines Haarsieb passieren und die gewonnene Kirschsaftflüssigkeit in einem Topf auf ein Drittel einkochen und die Kirschen damit abermals übergießen. So sind die Kirschen schön mit den Gewürzen durchgezogen und der Kirschfond durch das zweite Reduzieren in der Konsistenz sämiger.

3. Vom weißen Portwein 750 ml des Portweins um die Hälfte reduzieren. Die restlichen 250 ml Portwein zu dem reduzierten Portwein geben und mit dem Vanillemark und dem Zucker aufkochen. Unter ständigem Rühren auf die Eigelbe geben, in den Topf zurückschütten und bei mittlerer Hitze unter Rühren langsam andicken lassen. Wieder in die Schüssel gießen und die kalte Butter nach und nach mit einem Stabmixer so lange untermixen, bis die Butter komplett aufgelöst ist. In der Eismaschine frieren.

4. Die Kirschen zusammen mit einer Nocke Eis auf einem separaten Teller anrichten und das Soufflé direkt nach dem Backen in der Form servieren.

Ziegenkäse-Variation

Ziegenkäse mit Oliven

Für 4 Personen

2 TL Olivenöl
4 EL Ziegenfrischkäse
2 EL gehackte schwarze Oliven

1. Das Olivenöl auf die 2 Teelöffel geben und mitsamt den Löffeln einfrieren. Darauf achten, dass die Löffel gerade liegen. Ist das Olivenöl durchgefroren, die beiden Olivenölstücke halbieren und wieder einfrieren.

2. Den Ziegenfrischkäse in 4 Kugeln formen, je eine Mulde eindrücken, das gefrorene Olivenöl in die Mulden drücken, verschließen und 4 kleine, gleichmäßige Kugeln formen. Die Kugeln auf gehackte Oliven setzen und kühl stellen.

Ziegenkäse auf Lavendelhonig mit Lavendelzucker

4 EL Ziegenfrischkäse
1 EL Honig
2 g fein gehackte Lavendelblüten
125 g Zucker
25 g Wasser
20 g Glucose (beim Konditor erhältlich)

1. Den Zucker, das Wasser und die Glucose in einem Topf zum Kochen bringen und so lange kochen, bis der Zucker dickflüssig ist und eine leicht gelbliche Farbe annimmt. Sofort vom Herd nehmen, auf ein Backpapier gießen und auskühlen lassen. Ist der Zucker ausgekühlt, zur Aufbewahrung in ein luftdichtes Gefäß legen.

2. Den Backofen auf 200 °C vorheizen, den Zucker aus dem Gefäß nehmen, brechen und in einer Küchenmaschine zu Puderzucker mixen. Den Zucker mit einem Sieb über ein Backpapier streuen, so dass kein Backpapier mehr zu sehen ist. Die Hälfte von den gehackten Lavendelblüten über den Zucker streuen und für 2 Minuten in den Backofen schieben. Nachdem der Zucker geschmolzen ist, vom Backpapier entfernen und in einer luftdichten Box aufbewahren.

3. Den restlichen Lavendel mit dem Honig vermischen und ziehen lassen. Den Ziegenkäse in 4 gleichmäßig große Kugeln formen, den Zucker aus der Box nehmen, in ca. 2 x 2 cm große Stücke brechen und auf die Kugeln legen. Mit dem Honig servieren.

Ziegenkäse-Variation

Ziegenkäse mit Speck

4 EL Ziegenfrischkäse
6 dünne Scheiben Schwarzwälder Speck
4 Radicchioblätter

1. Den Ziegenkäse in 4 gleichmäßige Kugeln formen und mit je einer Scheibe Speck umwickeln. Die 2 restlichen Scheiben Speck quer halbieren und im Ofen bei 180 °C ca. 4 Minuten trocknen.

2. Den Radicchio in feine Streifen schneiden, die in Speck gewickelten Ziegenkäsekugeln in einer heißen Pfanne auf dem Speck 2 Minuten anbraten, auf den Radicchio setzen und je einen Speckchip darauflegen.

Ziegenkäse auf Tomatensugo

100 g Kirschtomaten
1 Schalotte
½ Knoblauchzehe
1 EL Olivenöl
1 EL alter Balsamicoessig
Salz, Zucker, Tabasco
1 TL gehackten Rosmarin und Thymian
4 EL Ziegenfrischkäse
4 Blätter Basilikum

1. Die Kirschtomaten zum Häuten leicht einritzen und für wenige Sekunden in kochendes Wasser geben. Mit Eiswasser abschrecken und die Haut mit einem kleinen Messer abziehen. Die Kirschtomaten vierteln und entkernen. Die Schalotte und den Knoblauch schälen und in feine Würfel schneiden.

2. Die Kirschtomatenfilets, die Schalotten und den Knoblauch in einer Pfanne mit heißem Olivenöl kurz und scharf anbraten. Mit dem Balsamicoessig ablöschen, würzen, den Rosmarin und den Thymian hinzugeben und vom Herd nehmen.

3. Den Ziegenkäse zu 4 gleichmäßigen Kugeln formen, das Basilikum in feine Streifen schneiden, den Ziegenkäse darin wälzen und auf den Tomatensugo setzen.

Ziegenkäse-Variation

Ziegenkäse mit Mangochutney und Espelette-Paprika

½ Mango
½ Schalotte
1 EL mildes Olivenöl
2 EL weißer Balsamicoessig
1 EL Zucker
½ TL gehacktes Chili
½ TL Paprika d'Espelette
4 EL Ziegenfrischkäse

1. Die Mango schälen und in 1 cm große Würfel schneiden. Die Schalotte fein würfeln und mit dem Olivenöl in einer Pfanne glasig dünsten, die Mangowürfel zugeben, in der Pfanne schwenken und mit dem Essig ablösen.

2. Den Zucker und das Chilipulver dazugeben und bei mittlerer Hitze köcheln lassen, bis eine dickflüssige Konsistenz entstanden ist. Vom Herd nehmen und abkühlen lassen. Den Ziegenkäse zu gleichmäßigen Kugeln formen, leicht mit Espelette-Paprika bestreuen und auf das Chutney setzen.

Tipp

Die Paprikafrüchte für das Gewürzpulver aus Espelette, einer kleinen Stadt im Süden Frankreichs an der Atlantikküste, haben den kleinen Ort berühmt gemacht, der ihm sogar ein Fest im Oktober widmet. Das hellrote Pulver aus dem Baskenland zeichnet sich durch sein besonders fruchtiges Aroma aus und ist deshalb in der Gastronomie besonders beliebt.

REGISTER

Impressum

Martin Göschel
2008 © Bibliothek der Köche für die Süddeutsche Zeitung Edition,
Süddeutsche Zeitung GmbH, München

Fotografie: Bernd Grundmann
Texte: Ingo Swoboda
Rezepte: Martin Göschel
Art Director: Eberhard Wolf
Grafik: Julia Wolf
Projektmanagement: Gabriella Hoffmann
Projektleitung: Dirk Rumberg

Litho: JournalMedia GmbH, München
Herstellung: Hermann Weixler, Thekla Neseker
Druck und Bindung: Holzhausen Druck & Medien GmbH, Wien

Printed in Austria
ISBN: 978-3-86615-555-8